발터 벤야민의
「역사의 개념에 대하여」
읽기

세창명저산책 **112**

발터 벤야민의
「역사의 개념에 대하여」
읽기

초판 1쇄 발행 2026년 4월 22일

—

지은이 박상희

펴낸이 이병은

기획위원 원당희

책임편집 이나연   **책임디자인** 박혜옥

기획 김명희 · 박준성   **마케팅** 최성수

—

펴낸곳 세창미디어

신고번호 제2013-000003호   주소 03736 서울특별시 서대문구 경기대로 58 경기빌딩 602호

전화 02-723-8660   팩스 02-720-4579

이메일 edit@sechangpub.co.kr   홈페이지 http://www.sechangpub.co.kr

블로그 blog.naver.com/scpc1992   페이스북 fb.me/Sechangofficial   인스타그램 @sechang_official

—

ISBN   978-89-5586-854-8 02160

세창명저산책

발터 벤야민의 「역사의 개념에 대하여」 읽기

WALTER BENJAMIN

112

박상희 지음

세창미디어
MEDIA

서문

파리 국립 도서관, 아직도 그곳에 가면 한쪽 구석에 발터 벤야민Walter Benjamin(1892-1940)이 앉아서 수많은 책들 사이에서 자료를 메모하고 있지 않을까 하는 생각이 들곤 한다. 벤야민은 히

그림 1 파리 국립 도서관의 발터 벤야민 © Helvetiafocca

틀러의 억압을 피해 1933년 파리로 망명했고, 그곳에서 1940년까지 머무는 동안 내내 출근하듯이 이 국립 도서관에서 공부했다. 그의 마지막 저술이었던「역사의 개념에 대하여」도 여기 도서관에서 쓰고 지우면서 다듬었던 글이었으리라. 벤야민은「사유이미지」의 '연습'에서, 곡예사 라스텔리Enrico Lastelli에 대해 이렇게 쓰고 있다.

라스텔리가 작은 손가락을 내뻗어 공을 부르자 그 공은 한 마리 새처럼 그 손가락에 뛰어 올랐다. 그렇게 되기까지 수십 년간 한 연습은 실제 몸이나 공을 '제압'한 것이 아니라 오히려 다음과 같은 일을 성취시켰다. 즉 몸과 공이 그도 모르는 사이에 서로 소통을 하게 된 것이다(2012, 191).

벤야민은 수많은 연습과 노력 끝에 나온 라스텔리의 저글링을 보면서 "몸이나 공을 제압한 것이 아니라 … 몸과 공이 그도 모르는 사이에 서로 소통하게 된 것"이라고 쓰고 있다. 그는 이러한 "연습"이 "모든 대가다움의 알파와 오메가이자 그것의 특성"이라고 썼다. 어쩌면 벤야민의 글들도 그러했던 것 같다. 도서관에 앉아서 수많은 읽기와 메모와 공부 끝에 나온 마지막 저술인「역사의 개념에 대하여」도 벤야민이 글쓰기를 제압한 것이 아니라, 그와 글쓰기가 자기도 모르는 사이에 서로 소통하게 된 것이 아닐까. 우리는 여기서 벤야민이자 곧 역사철학이고, 역사철학이자 곧 벤야민인 그러한 글을 만나 볼 것이다.

발터 벤야민은 독일의 철학자이자 미학자, 문예평론가로 많이 소개되는데, 무엇보다도 그는 정치사상가이다. 벤야민은「폭력비판을 위하여」,『독일 비애극의 원천』,「기술복제시대의 예술작품」,「사진의 작은 역사」,「1900년경 베를린의 유년시절」 그리고『아케이드 프로젝트』등에 이르기까지 폭넓고 다양한 저술들을 남겼다. 그는 오늘날의 자본주의, 문화, 예술, 도시 등에 드러나는 현대성을 포착하고, 그것을 고고학자처럼 발굴해냈으며, 그만의 독특한 글쓰기로 몽타주했다. 또한 이성과 합리성의 시대에 진입했으나 여전히 신화적이고 물화되고 폭력적인 정치성을 예리하게 비판하며 프랑크푸르트학파의 비판이론을 형성했다.

파리에서 망명 중이던 벤야민은 1940년 독일이 프랑스를 섬령하자 스페인을 거쳐 미국으로 탈출을 시도한다. 그러나 프랑스와 스페인 국경 지대에 있는 포르부라는 작은 마을에서 게슈타포에게 넘겨질 것이라는 말을 전해 듣고 결국 자살로 생을 마감한다. 절체절명의 위기 속에서도 벤야민은 1940년 6월 피난을 떠나기 전까지 『아케이드 프로젝트』를 위한 수많은 메모들을 놓지 못했다. 이 미완성작들을 완결시키는 것은 남은 사람들의 몫일 것이다.

벤야민의 저술 가운데 가운데 가장 중요한 논고 중 하나는 그의 유고인 「역사의 개념에 대하여」(1940)라고 할 수 있다. 벤야민의 「역사의 개념에 대하여」는 국내에 「역사철학테제」로 처음 번역되어 그 이름으로 더 많이 알려져 있다. 이 논고는 번호가 매겨진 18개의 테제와 부기 A, B를 더하여 총 20개의 테제로 구성되어 있다. 벤야민은 생전에 이 내용이 공론화되면 많은 오해를 불러일으킬 것이기에 출간을 고려하지 않았다. 그런데 벤야민 사후 아도르노가 이 글의 출간(1942)을 결정했고, 이는 당시 유럽의 68세대를 사로잡으며 큰 반향을 일으켰다. 그리고 오늘날까지도 여전히 재해석되면서 학계에 매우 큰 영향을 미치고 있다.

우선, 이 역사철학에 대해서는 수많은 해석들이 있지만 여기에서는 가급적 벤야민이 쓴 다른 글들을 통해서, 벤야민의 목소리를 통해서 해석하고자 노력했다. 한 사상가의 정치사상이나 철학을 이해하기 위한 가장 좋은 참고서는 그 사상가가 쓴 다른 저서이다. 그래서 벤야민의 역사철학을 해석하기 위하여, 「수집가이자 역사가 에두아르트 푹스」, 「사유이미지」, 「1900년경 베를린의 유년시절」, 그리고 특히 『아케이드 프로젝트』의 "N 역사철학" 항목 등 벤야민의 다른 논고를 함께 인용하며 해석할 것이다. 벤야민의 문장들은 수수께끼 같아서 긴 우회로를 돌아가는 것처럼 느껴지기도 하겠지만, 결국은 이것이 벤야민이 가리키는 곳에 다다를 수 있는 길이라 생각한다.

발터 벤야민은 프랑크푸르트학파의 비판이론가이며, 그의 논고들은 서구 마르크스주의의 사유 내에 있다고 할 수 있다. 따라서 그의 역사철학을 해석하기 위해서 마르크스Karl Marx, 프랑크푸르트학파의 호르크하이머Max Horkheimer, 아도르노Theodor Adorno, 마르쿠제Herbert Marcuse 등의 비판이론, 칼 슈미트Carl Schmitt, 조르조 아감벤Giorgio Agamben 등의 논의도 함께 알아볼 것이다. 그리고 벤야민의 역사주의에 대한 비판과 역사적 유물론에 대한 해석학적 접근도 필요하다.

여기에서 역사주의란 과거를 현재의 눈으로 바라볼 것이 아니라, 그 당시의 역사적 상황 속에서 바라보아야 한다는 입장을 말한다. 벤야민은 고트프리트 켈러Gottfried Keller, 레오폴트 폰 랑케Leopold von Ranke, 퓌스텔 드쿨랑주Fustel de Coulange를 인용하며 그들의 역사주의를 비판한다. 이러한 역사주의와 벤야민이 말하는 역사적 유물론은 전혀 다른 개념 위에 서 있다.

첫째, 역사주의의 시간 개념은 사건들의 크고 작음을 구별하지 않고 헤아리는 균질하고 공허한 시간의 더미들을 가산적으로 더하는 것이기 때문에, 역사는 보편적이고 서사적이며 연속적이다. 그러나 역사적 유물론의 시간 개념은 현재에 서 있는 우리가 "지금시간Jetztzeit"에서 과거를 만나는 "섬광 같은 이미지"의 "성좌"이기 때문에, 역사는 연속적이지 않다. 과거의 그때가 지금과 하나의 구도로 만나는 "정지 상태의 변증법"이다.

둘째, 역사주의는 승리자에게 감정이입을 하는 방식을 취한다. 벤야민은 이들의 감정이입을 나태함과 태만이며 슬픔의 근원이라고 비판한다. 그래서 그는 오늘날 문화재라 칭하는 것들은 승리자들의 전리품이며, 야만의 기록이라고 쓰고 있다. 역사주의는 진보에 대한 무한한 믿음을 전제하고 있으며, 벤야민은 그러한 믿음에 근거하는 사회민주주의의 타협주의에 대해서도 비판한다. 반면 역사적 유물론은 억압받는 자들의 비탄에 귀 기울이고 역사를 거슬러 솔질하는 방식을 취한다.

셋째, 역사주의는 감정이입으로 역사를 덧붙이는 재구성 Rekonstruktion의 방식이라면, 역사적 유물론은 역사를 총체적으로 파괴하고 새로 구성 Konstruktion하는 방식을 취한다. 이들은 역사의 연속체를 폭파하여 전체 사건의 결정체를 담고 있는 모나드 monad, 즉 "특정한 시대, 특정한 삶 그리고 특정한 작품"을 발굴해 낸다. 그리고 "극히 작은 건축 부품들로 큰 건물을 세우는 것"처럼 몽타주의 원리로 모나드를 역사 속에 도입한다.

넷째, 역사주의가 과거에 대한 '영원한' 이미지를 제시한다면, 역사적 유물론은 과거와의 유일무이한 경험을 제시한다. 벤야민은 이러한 역사주의를 유곽의 창녀와 같다고 비판한다. 그가 말하는 역사적 유물론은 메시아적 시간의 파편들이 박혀 있는 "지금시간"에서 과거를 회상하고 역사를 구성하며, 이 시간들의 "매초는 메시아가 들어올 수 있는 작은 문"이라고 본다. 벤야민의 메시아주의는 명확하게 드러나지 않지만, 그의 역사적 유물론은 신학과 결합된다면 어느 누구를 만나든 상대해 볼 수 있다고 밝히고 있다.

국가와 사회를 이해하는 데에 역사는 매우 중요하다. 그것은 정치사, 사회사, 문화사, 예술사 등이 될 수도 있고, 우리 각자가 살아가는 개인사가 될 수도 있다. 이런 역사를 우리는 어떻게 만들어 가고, 어떻게 바라보고 기억하며, 어떻게 기록하고 축적하고, 어떻게 이해하고 있는 것일까. 「역사의 개념에 대하여」라는 제목처럼 벤야민은 "역사의 개념을 어떻게 세우느냐"가 중요하다고 강조한다. 역사의 개념을 어떻게 세우느냐에 따라 현재에 선 우리의 삶은 전혀 달라질 수 있기 때문이다. 그렇다면 역사의 개념을 어떻게 세울 것인가. 현재의 우리 사회가 여전히 어려운 상황이라고 느낀다면, 현재의 우리 삶이 억압받고 있는 전통에서 벗어나지 못했다고 느낀다면, 우리의 귓가에 여전히 과거부터 불어오는 역사의 바람이 불어오고 있다고 느낀다면, 벤야민의 목소리에 귀 기울여 보자.

이 짧은 텍스트는 벤야민 특유의 빛나는 문장을 만날 수 있는 매우 매력적인 글이지만, 단장 형태로 쓰여 있고 비유와 알레고리가 가득해서 그 내용을 이해하기는 결코 쉽지 않다. 몇 장 되지 않는 짧은 글임에도 「역사의 개념에 대하여」로 대학에서 강의를 하면, 학생들은 풀리지 않는 복잡한 수학 문제를 앞에 두고 있는 것처럼 매우 난감한 얼굴이 되곤 한다. 그래서 벤야민의 테제를 하나씩 하나씩 찬찬히 곱씹으며 해석하는 글을 써 보려고 한다. 만약 벤야민 입문자라면 테제 17을 먼저 읽어보길 권하고 싶다. 실제로 벤야민은 1940년 4월, 그레텔 아도르노Gretel Adorno에게 이 글의 초고를 썼다고 알리는 편지에서, 역사철학의 결정적 연관성과 방법을 이해할 수 있도록 테제 17을 보라고 권하고 있기도 하다.

이 「역사의 개념에 대하여」는 벤야민의 역사철학에 걸어 들어가는 일종의 암호문이자 열쇠와 같다. 이 책에서 시도하는 해석들이 꼭 정답이라고 할 수는 없다. 하지만 벤야민이 말하듯 해석도 하나의 "열린 문"이 되길 바란다. 이 글이 벤야민을 이해하고 싶은 독자들에게 하나의 안내서가 될 수 있길 기대한다. 서두르지 말고 한 문장 한 문장 찬찬히 벤야민에게 걸어 들어가 보길 권하고 싶다.

2026년 3월

박상희

일러두기

1. 이 책은 벤야민의 「역사의 개념에 대하여」의 18개의 테제와 2개의 부기를 포함하여 총 20개의 테제를 그대로 인용하면서 하나씩 해석하는 형식으로 구성되었다.

2. 벤야민의 「역사의 개념에 대하여」의 본문은 최성만 번역(도서출판 길, 2009)을 참고하고 인용하되, 부분적으로 번역을 수정했음을 밝혀 둔다. 이 과정에서 영어판("On the Concept of History," *Selected Writings Volume 4(1938-1940)*, Edited by Howard Eiland and Michael W. Jennings, Cambridge, Mess: Belknap Press of Harvard University Press, 2006.)과 독일어판("Über den Begriff der Geschichte," *Gesammelte Schriften*, Bd. 1. Frankfurt a. M.: Suhrkamp, 1974.)을 참고했다.

3. 벤야민의 저서는 (출간연도, 쪽수)로, 그 밖의 참고문헌은 (저자명, 출판연도, 쪽수)로 표기했다. 세부 서지사항은 참고문헌에서 확인할 수 있다.

—

한 자동기계가 있었다고 알려져 있는데, 이 기계는 사람과 체스를 둘 때 이 사람이 어떤 수를 두든 반대 수로 응수하여 언제나 그 판을 이기게끔 고안되었다. 튀르키예 복장을 하고 입에는 수연통水煙筒을 문 한 인형이 넓은 책상 뒤에 놓인 체스판 앞에 앉아 있었다. 거울 장치를 통해 이 책상은 사방에서 훤히 들여다볼 수 있다는 환상을 불러일으켰다. 실제로는 체스의 명수인 꼽추 난쟁이가 그 속에 들어앉아 그 인형의 손을 끈으로 조종하고 있었다. 사람들은 이 장치에 상응하는 짝을 철학에서 표상해 볼 수 있다. '역사적 유물론'으로 불리는 인형이 늘 이

기도록 되어 있다. 그 인형은 오늘날 주지하다시피 왜소하고 흉측해졌으며 어차피 모습을 드러내어서는 안 되는 신학을 자기편으로 고용한다면 어떤 상대와도 겨뤄 볼 수 있다.

◇◇◇◇◇◇◇

1. 체스 두는 자동기계

벤야민은 체스 두는 자동기계와 철학에서의 역사적 유물론을 비유하면서 첫 번째 테제를 시작하고 있다.

여기에서 언급되고 있는 '자동기계'는 실제로 존재했던 기계이다. 이 체스 두는 자동기계는 튀르크 기계Mechanical Türk, the Chess Türk라고 불리기도 했는데, 1770년에 헝가리 발명가 볼프강 폰 켐펠렌Wolfgang von Kempelen이 제작하고, 1854년 화재로 소실되기까지 많은 사람들에게 큰 인기를 끌었다. 이 자동기계는 수많은 소유자를 거치며 유럽, 미국 등에 전시되었다. 나폴레옹 보나파르트, 벤자민 프랭클린 등 명사들을 포함한 다양한 사람들과 체스를 두었지만 대부분의 체스 시합에서 이긴 것으

체스 두는 자동기계

로 유명했다.

매번 이기는 체스 기계라니, 그 시절에 벌써 AI가 있었던가 하고 깜짝 놀라게 된다. 실제로 사람을 상대로 체스를 두는 인공지능 '딥 블루'는 1996년에 이르러서야 개발되었고, 알파고와 이세돌의 역사적인 바둑 대결은 2016년 3월에 이루어졌다. 구글 딥마인드가 개발한 인공지능 바둑 프로그램인 '알파고'는 당시 세계 최고의 바둑 기사인 이세돌과 5번의 대국을 펼쳤고, 알파고가 4승 1패로 승리를 거두었다. 이 대결은 단순한 바둑 경기를 넘어 인간의 지능과 인공지능이 맞붙는 상징적인 사건으로 전 세계의 이목을 집중시켰고, 인공지능이 복잡한 전략 게임에서 세계 최고 수준의 인간 전문가를 이긴 최초의 사례가 되었다. 이처럼 실제로 인간을 이기는 인공지능 기계의 개발은 2016년에야 가능했다. 그러니 이 체스 두는 자동기계가 그 당시에 인간을 매번 이긴다는 것은 믿기 어려운 일이었다. 결국 1820년에 기계 내부에 체스 명인이 숨어서 조작하고 있었다는 속임수가 드러나고 말았다.

이 기계의 외관을 보면, 검은 턱수염과 회색 눈을 지닌 인형이 튀르크풍의 터번을 쓰고 앉아 있다. 왼손에는 긴 튀르크식 담뱃대가 쥐어져 있고, 오른손은 캐비닛 위에 걸쳐져 있었다. 커다란 캐비닛 위에는 체스판이, 앞면에는 3개의 문이 있고, 붉고 하얀 상아 체스 세트가 준비되어 있었다. 캐비닛 왼쪽을 열면 시계 기어 및 톱니바퀴 같은 것이 많이 얽혀 있다. 기계 내부는 매우 복잡해서 내부를 관찰하려는 사람이 착각하기 쉽게 되어 있었다. 오른쪽에는 기계 부품은 없고, 그 대신 붉은 쿠션이 놓여 있었다. 여기에는 관람객들에게 보이지 않도록 사람이 숨을 수 있는 공간이 마련되어 있었다. 캐비넷 위 체스판은 얇았고, 체스 말에는 조그맣고 강력한 자석이 들어 있어서, 체스판

아래에 있는 실이 달린 자석과 달라붙었다. 기계 안에 있는 조작자는 아래에서 자석으로 체스 말을 조작할 수 있었다. 이처럼 자동기계는 위의 꼭두각시 인형이 사람들의 주의를 끄는 동안, 그 아래에 꼽추 난쟁이 명인이 앉아서 체스 말을 조종한다는 매우 간단한 원리로 작동했던 것이다.

2. 자동기계의 이중적 의미

벤야민은 이 체스 두는 자동기계에 상응하는 짝을 철학에서 표상한다면 '역사적 유물론'이라고 비유한다. 자동기계의 원리는 매우 간단하지만, 이 철학적 비유는 해석이 매우 난해하고 논쟁적이다.[1] 우선 벤야민은 그냥 역사적 유물론이라고 쓰지 않고 따옴표를 붙여 '역사적 유물론'이라고 쓰고 있는데, 이

---

1 학자마다 테제 1의 자동기계와 꼽추 난쟁이를 다양하게 해석하고 있고, 어떤 부분은 여전히 논쟁적이기도 하다. 예를 들어, 티데만(Rolf Tiedemann)은 정치학과 신학을 종합하려 한 것으로, 브레히트(Bertolt Brecht)는 마르크스 유물론으로, 숄렘(Gershom Scholem)은 유대교 형이상학으로 해석했다. 자세한 내용은 Löwy(2005) 19-21쪽을 참조할 것.

는 강조를 위한 것이거나 다른 의미, 혹은 다의적 의미가 내포되어 있다고 할 수 있다. 그러면 여기에서 강조하여 표기한 '역사적 유물론'은 어떤 의미인가.

여러 의미로 해석할 수 있지만, 여기에서는 크게 두 가지의 의미가 중첩되었다고 본다. 하나는 당시 마르크스주의를 경제결정주의로 해석하는 당시의 '역사적 유물론'에 대한 비판, 그리고 다른 하나는 역사적 유물론과 신학을 결합시키는 사유이다.

이렇게 이중적인 의미로 해석하는 것은 에드거 앨런 포^{Edgar Allan Poe}의 '기계 튀르크인^{Mechanical Turk}'에 대한 견해를 벤야민이 받아들였다고 보기 때문이다. 벤야민은 보들레르의 번역을 통해 포의 에세이, 「멜첼의 체스 기사」(1836)를 알게 된다. 포는 이 자동기계는 기계의 인과성이 작동하지 않는다는 점, 그래서 천사나 악마 같은 초월적인 존재에 의해 작동하는 것이 아니라면 인간에 의해 작동한다는 점을 지적하며, "기계가 체스를 둔다는 건 불가능하다. 분명히 정교한 사기다"라고 주장했다.

이 해석에서 이 기계가 사기냐 아니냐는 그다지 중요하지 않다. 정말 중요한 것은 포가 이 자동기계의 작동을 '기계적인 것('기계 장치')과 '인간적인 것(조종하는 존재)'으로 구분했다는 점에 있다. 벤야민은 포의 분석에 따라 '기계 장치'에는 마르크스주의를, '조종하는 존재'에는 인간 대신 신학을 배치한 것이다. 이는 마르크스주의가 기계적인 유물론으로 작동한다는 것과 메시아주의가 마술적 위력으로 작동한다는 것을 동시에 의미한다(이재준, 2018, 90). 특히 조종자에 인간 대신 신학을 살짝 "고용해" 넣었다는 점에서 벤야민의 독특한 신학적 사유가 드러난다.

여기에서는 포의 분석을 수용하고 변형한 벤야민의 의도를 받아들여, 크게 두 가지로 나누어서 해석하려고 한다. 하나는 '기계 장치'에 해당하는 당시의 마르크스주의에 대한 비판이고, 다른 하나는 역사적 유물론과 '조종하는 존재'인 신학이 결합되어 있다는 중첩된 의미이다. 이를 찬찬히 살펴보자.

3. 기계 장치: 당시의 '역사적 유물론' 비판

우선, 이 자동기계의 '기계 장치'는 '역사적 유물론'이 기계적으로 매번 승리하고 있다는 기계적 유물론을 보여 준다. 여기에서 따옴표 붙은 '역사적 유물론'은 벤야민이 「역사의 개념에 대하여」 전체에서 본격적으로 말하고자 하는 '진정한' 역사적 유물론이 아니다. 이 '역사적 유물론'은 마르크스의 사상을 잘못 이해한 당시의 수정주의적인 마르크스주의, 즉 경제결정주의를 의미하며, 벤야민은 그것을 비판하고자 했다. 당시의 마르크스주의는 타협주의, 수정주의로 기울어졌으며, 생산력 발전, 경제적 진보 등의 역사적 법칙이 기계가 작동하는 것처럼 '자동으로' 승리할 것이라는 환상을 갖게 했다. 이러한 경제결정주의에 대한 비판을 살펴보자.

마르크스는 우리 사회의 구성을 '토대와 상부구조'라는 건축학적 비유로 설명한다. 만약 땅 위에 집을 짓는다면 가장 먼저 무엇을 해야 할까. 마르크스는 개미, 꿀벌, 비버도 집을 짓지만, 그들과 인간의 집짓기가 무엇이 다른지 질문한다. 그 차이점은 인간은 집을 짓기 전에 먼저 '설계도'를 그릴 줄 안다는 것이다. 인간은 동물과 달리 이성적 사유가 있음을, 미래를 상상하고 계획할 수 있음을 말한다.

그리고 건축 과정을 단순화하여 말하자면, 우리는 땅을 파서 토대(하부구조)를 먼저 세우고, 그 위에 상부구조를 올려 집을 짓는다. 하부구조는 생산력과 생산관계를 의미하는 경제

영역이며, 상부구조는 정치, 법, 제도, 문화, 예술과 같은 영역이다. 마르크스의 의도는 집을 지을 때, 토대와 상부구조가 모두 필요하며 유기적으로 관계를 맺듯이 우리 사회도 토대와 상부구조가 함께 조응하여 사회를 형성하며 상호 관계를 맺고 있다는 것을 건축학에 비유하여 설명한 것이다. 사실 토대만 있어도 집이 될 수 없고, 상부구조만 있어도 집이 될 수 없다. 그래서 토대와 상부구조의 상호 관계는 너무나 당연하다.

그런데 마르크스의 이러한 건축학적 비유는, 집을 지을 때 토대를 먼저 세우는 것처럼 사회에서도 경제가 우선이며, 경제가 상부구조를 결정짓는다는 경제결정주의를 강화시켰다. 1880년 마르크스가 "나는 마르크스주의자가 아니다"라고 선언했을 만큼, 당시 마르크스 사상은 다른 사회·노동운동가들에 의해 왜곡되고 변형되고 있었다. 특히 그 이후의 마르크스주의는 자본주의 사회에서 나타나는 여러 문제에 대하여 사회의 하부구조인 경제 부분만을 강조하는 경제결정주의로 발전했기 때문에, 사회·정치 이론이 없다는 한계에 부딪히기도 했다. 이에 상부구조에 관심을 기울이는 신마르크스주의의 다양한 연구와 접근이 시도되었다. 특히 프랑크푸르트학파의 호르크하이머, 아도르노, 마르쿠제, 벤야민 등이 그러한데, 이들은 마르크스주의의 경제결정주의에 대한 비판과 더불어 자본주의 사회에서 나타나는 비인간적인 문화, 비합리적인 문명, 인간 소외 등의 문제에 주목했다.

벤야민은 "거울 장치를 통해 이 책상은 사방에서 훤히 들여다볼 수 있다는 환상을 불러일으켰다. 실제로는 체스의 명수인 꼽추 난쟁이가 그 속에 들어앉아 그 인형의 손을 끈으로 조종하고 있었다"고 쓰고 있다. 이 체스 두는 자동기계는 거울 장치를 통해 스스로, 자동으로, 매번 이기는 것 같은 '환상'을 보여주고 있지만, 사실은 조종되는 인형에 불과하다. 아래에 있는 꼽추 난쟁이가 인형을, 즉 토대에 해당하는 경제가 상부구조를 조종하고 결정하는 것이다. 이런 점에서 벤야민이 당시의 결정주의적 역사유물론을 비판하고 있다는 것을 읽을 수 있다.

상부구조는 이데올로기라는 이론. 무엇보다 마르크스는 단지 상부구조와 하부구조 사이의 인과 관계만을 확인하려고 했던 것처럼 보인다. 그러나 상부구조의 이데올로기들은 여러 관계들을 왜곡되고 비틀린 형태로 반영한다는 발언 자체가 이미 그것을 훨씬 넘어서 있다. 즉, 문제는 이것이다. 하부구조가 사고나 경험의 소재라는 점에서 어느 정도 상부구조를 규정하고 있다 하더라도 그러한 규정이 단순한 반영과 같은 것이 아니라면 도대체 그것을 —그러한 규정의 발생 원인은 완전히 제외한다고 하더라도— 어떻게 특징지어야 하는가? 하부구조의 표현으로서가 정답이다. **상부구조는 하부구조의 표현이다.** 사회의 존재를 규정하는 경제적 조건들은 상부구조에서 표현된다. 이것은 잠자고 있는 사람의 경우 가득 찬 위장이 꿈의 내용을 인과적으로 '조건 지을'지 몰라도 **그것을 반영하는 것이 아니라 표현하는 것과 완전히 동일하다.** 집단은 처음부터 자기들의 삶의 조건을 표현한다. 이들은 꿈속에서 그것을 표현하며 잠에서 깨어남으로써 그것을 해석한다(2005, [K 2, 5], 강조는 인용자).

벤야민의 이 글은 마르크스의 상부구조와 하부구조의 관계와 더불어, 꿈과 깨어남(각성)을 상호 교차시킨다.[2] 벤야민은 당시 하부구조를 강조했던 경세결정주의와는 달리, "무엇보다 마르크스는 단지 상부구조와 하부구조 사이의 인과 관계만을 확인하려고 했던 것처럼 보인다"고 쓰고 있다. 그러면서 상부구조가 하부구조를 "왜곡되고 비틀린 형태로 반영한다는 발언"이 문제이며, "상부구조는 하부구조의 표현"이라고 말한다. 즉, "반영하는 것이 아니라 표현하는 것"이다. 하부구조가 상부구조를 결정하거나 반영하는 것이 아니라, 상부구조는 하부구조를 표현하고 있다고 엄밀하게 고쳐서 말하고 있는 것이다. 즉, 마르크스가 말했던 토대와 상부구조는 어느 하나가 다른 하나를 규정하고 결정하는 것이 아니라, 유기적인 상호 관계를 맺고 있으며, 서로가 서로에게 표현되고 드러나는 것이다.

그러니 마르크스의 견해를 자동기계로 표현하자면, 체스 두는 인형과 꼽추 난쟁이는 어느 하나가 다른 하나를 규정하고 결정하는 것이 아니라 상호 영향을 주고받는 유기적인 관계가 되어야 하는데, 이 기계 장치는 꼽추 난쟁이에 의해 조종되고

---

2   벤야민은 『아케이드 프로젝트』에서 자본주의가 꿈으로 덮쳐져 있다고 말하곤 했는데, 동시에 그러한 꿈에서 깨어나야 한다고 말했다. 꿈과 깨어남(각성)에 대해서는 별도의 설명이 필요하다. "자본주의는 꿈을 수반한 새로운 잠이 유럽을 덮친 하나의 자연현상으로, 이러한 잠 속에서 신화적 힘들이 재활성화되었다" [K 1a, 8]; "처음에는 잠에서 깨어나려고 뒤척이다가 오히려 깊은 잠에 빠지게 된다" [K 1a, 9].

있는 꼭두각시일 뿐이라는 것이다. 이처럼 하부구조가 모든 것을 결정한다고 보는 경제결정주의라는 '기계 장치'를 벤야민은 비판한다. 당시의 '역사적 유물론'은 그 고유한 비판적 잠재력을 잃어버렸다.

4. 조종하는 존재: 역사적 유물론과 신학의 결합

이 '역사적 유물론'은 당시 마르크스주의에 대한 비판과 동시에, 역사적 유물론과 신학의 결합이라는 이중적인 의미를 내포한다. 벤야민은 "그 인형은 오늘날 주지하다시피 왜소하고 흉측해졌으며 어차피 모습을 드러내어서는 안 되는 신학을 자기편으로 고용한다면 어떤 상대와도 겨뤄 볼 수 있다"는 마지막 문장을 추가했다. 그런데 왜 신학은 "왜소하고 흉측해졌으며 어차피 모습을 드러내어서는 안 되는" 것인가. 이것은 어떤 의미인가.

서구의 역사는 신을 중심으로 하는 중세를 거쳐 왔다. 이 시대에는 신이 모든 신리의 근거였기 때문에, 정치권력 못지않게 매우 강력한 종교권력이 작동하던 시기였다. 그러나 점차 시민

계급이 성장하면서 신을 부정하고 해체하는 탈주술화, 탈마법화, 탈신화화의 과정을 거쳐 이성 중심의 근대를 열었다. 근대는 이성과 합리성에 기반하여 과학과 기술이 발전하고, 산업화와 도시화를 통해 본격적인 자본주의의 시대로 진입한 시기이다. 이성의 힘에 눌려 종교와 신학은 위축되고 왜소해지고 예전의 권위를 잃을 수밖에 없다. 그러니 신학은 "왜소하고 흉측해졌으며 어차피 모습을 드러내어서는 안 되는" 존재가 된 것이다. 그러나 근대라고 하여 신학이 완전히 제거된 것은 아니다. 그것은 왜소하고 흉측해졌지만 여전히 존재한다.

벤야민과 동시대에 활동했던 비판이론가 아도르노는『계몽의 변증법』에서, 계몽은 신화를 해체하고자 하지만, 끊임없이 다시 "계몽은 신화로 되돌아간다"(아도르노, 1996, 30)고 말하고 있다.

신화가 이미 계몽을 수행하는 것처럼 계몽은 매 단계마다 더욱더 깊이 신화 속으로 빠져들어 간다. 신화를 파괴하기 위한 모든 소재를 계몽은 신화로부터 받아들인다. 또한 계몽은 심판자임에도 불구하고 "신화적인 속박"에서 벗어나

지 못한다. 계몽은 운명과 인과응보의 수레바퀴에서 빠져
나가려고 하는데 그 수단은 계몽 스스로가 이 과정에 폭력
을 가하는 것이다. 신화에서 모든 사건은 그것이 일어났다
는 사실에 대해 참회를 해야만 한다. 이러한 사정은 계몽에
서도 이어진다(아도르노, 1996, 35).

"계몽은 매 단계마다 더욱더 깊이 신화 속으로 빠져들어 간
다"는 것은, 근대가 열었던 이성과 합리성의 시대가 매 단계마
다 사실은 비합리성 속으로 빠져들어 간다는 것이며, 이성은
그 내면에 비합리성을 내재하고 있다는 의미이다. 이러한 논의
는 프랑크푸르트학파라면 대부분 공유했던 사유이다. 프랑크
푸르트학파의 비판이론가들은 저마다 이성에 대한 해석과 처
방이 조금씩 달랐지만, 호르크하이머의『도구적 이성 비판』에
서부터 아도르노의『계몽의 변증법』, 마르쿠제의『일차원적 인
간』, 벤야민의「역사의 개념에 대하여」그리고 이후 하버마스의
『의사소통행위이론』에 이르기까지, 이들은 이성에 대한 비판과
더불어 이성의 자기 성찰을 통해 이성을 제대로, 바로 세우고
자 했다.

그러나 이 '신화적인 것'과 벤야민이 「역사의 개념에 대하여」에서 말하고 있는 '신학'은 같은 의미가 아니다. 우선, 벤야민은 자본주의의 진보가 가지고 있는 '신화적인 것'에 대해서는 끊임없이 비판한다. 특히 벤야민은 『아케이드 프로젝트』, 「사유 이미지」 등에서 늘 새로운 상품, 새로운 유행이 등장하지만 결국은 같은 것이 반복되는 반복동일성이라는 판타스마고리아 phantasmagoria, 환등상를 예리하게 비판한다. 이 판타스마고리아는 새로운 것처럼 빛나 보이지만 사실 그 새로움은 환상에 불과한 것이라는 의미이다.

나는 내 신문에서 운 좋게도 다음 문장을 발견했다. "숟가락을 가지고 똑같은 것을 현실에서 퍼내야만 한다." 여러 주 전에 나는 그와 유사한 것을 말하는 것 같은 요하네스 V. 옌젠의 또 다른 문장을 적어 둔 적이 있다. "리햐르트는 세상에 있는 모든 동질적인 것을 감지하는 감각을 가졌던 젊은이였다." 그 문장은 내 마음에 꼭 들었다. 그 문장은 문장이 내게 지녔던 정치적, 합리적 의미를 어제 경험의 개인적, 마법적 의미와 대결시키는 것을 가능케 했다. 내게 옌

젠의 문장은 우리가 알다시피 사물들은 기술화되고 합리화
되었으며 특수한 것은 오늘날 단지 뉘앙스 속에만 숨어 있
다는 이야기로 귀결된 반면, 이 새로운 통찰은 전혀 달랐
다. 다시 말해 나는 뉘앙스만을 보았고, 그렇지만 그 뉘앙
스들은 똑같았던 것이다(2012, 203-204).

「사유이미지」에서 벤야민이 마음에 꼭 들었다고 쓴, "숟
가락을 가지고 똑같은 것을 현실에서 퍼내야만 한다"는 문장
은 반복동일성을 의미한다. 사물들은 기술화되고 합리화되
어 무엇인가 새로운 것들이 등장하는 것 같지만, 그것은 "뉘앙
스" 속에서만 그러했고, 사실상 그 뉘앙스들은 똑같았다. 즉 진
보는 "늘 새로운 것the-ever-new"처럼 가장하고 있는 "반복동일
성always-the-same"을 드러내고 있다. 이것을 판타스마고리아라
고 한다. 벤야민은 「역사의 개념에 대하여」 전체에서 진보를 내
세우는 역사주의를 비판하고 있는데, 벤야민에게 이 진보는 마
치 도시의 거리에서 최신 유행의 옷을 빌려 입고 잘난 척하며
활보하는 '새롭지 않음'과 같다.[3] 벤야민은 이러한 신화적인 것
에 대해서 끊임없이 비판한다.

그러나 그가 말하는 "왜소하고 흉측해졌으며 어차피 모습을 드러내어서는 안되는 신학"은 벤야민이 추구하고자 했던 메시아주의를 의미하며, 그 구원의 가능성을 말하고 있는 것이다.[4]

현실에 대한 논평(여기서는 논평, 상세한 해석이 중요하기 때문이다)은 텍스트에 대한 논평과는 전혀 다른 방법을 필요로 한다는 것을 항상 염두에 둘 것. 전자에서 기초적인 학문이 되는 것이 신학인 반면, 후자에서는 문헌학이다(2005, [N 2, 1]).

---

3 벤야민은 신기한 물건, 유행과 혁신은 변화하지 않는 것임을 드러내면서, 새로운 것과 낡은 것, 가장 오래된 것과 가장 최근의 것 사이의 복합적인 상호 관련을 드러내어 현대성의 원사를 구체화하고자 한다(질로크, 2005, 36).

4 유대 역사에서 메시아주의는 기록이 거의 없어 해석이 불가능하다. "유대의 역사에는 여러 갈래가 있지만, 그중에서 문헌 자료를 통해서는 해독이 거의 불가능한 메시아주의가 있다. 그것은 지금의 시점에서 혁명적 행동을 통해 직접 구원을 이끌어 내려 했다는 점에서 유대 카발라 전통에서 이단으로 취급받았다. 이러한 메시아주의는 수용사적, 담론사적 배경 등에 대한 이해가 수반되어야 설명이 가능하다." "이러한 논의들은 야콥 타우베스(Jacob Taubes), 조르조 아감벤(Giorgio Agamben) 등에 수용되고, 알랭 바디우(Alain Badiou), 슬라보예 지젝(Slavoj Žižek), 장뤽 낭시(Jean-Luc Nancy) 등의 정치신학 논의로 이어졌다." 벤야민의 메시아주의는 고지현(2010)을 참조할 것.

벤야민은 『아케이드 프로젝트』에서 "현실에 대한 논평"과 "텍스트에 대한 논평"을 구분하고 있다. 현실에 대한 논평에서 기초적인 학문은 "신학"이며, 텍스트에 대한 논평에서 기초적인 학문은 문헌학이다. 특히 현실에 대한 논평은 상세한 해석이 중요하기 때문이다. 예를 들면, 위에서 언급했던 반복동일성과 같은 현실을 논평하기 위해서 신학이 필요하다. 즉 '신화적인 것'을 제대로 논평하고 비평하고 구원하기 위해서는 '신학'이 필요하다는 것이다.

진보 이념을 자체 내에서 무효화해 온 역사유물론을 제시하는 것을 이 프로젝트의 방법론적 목표 중의 하나로 봐도 좋을 것이다. 바로 여기에 역사유물론이 부르주아적 사유 습관과 명확하게 분리되는 충분한 이유가 있다. 역사유물론의 기본 개념은 진보가 아니라 현실성을 불러일으키는 것이다(2005, [N 2, 2]).

벤야빈은 『아케이느 프로젝트』의 방법론적 복표 숭 하나로 역사유물론을 제시하면서 그 기본 개념은 "진보가 아니라 현실성을 불러일으키는 것"이며, 그 "현실을 제대로 논평"하기 위해서는 신학이 필요하다고 보았다. 현실에 나타나는 비합리적 사유, 신화적 사유를 드러내고 논평해야 한다, 신학의 힘을 빌려서라도.

벤야민은 역사적 유물론이라는 자동기계에, 조종하는 존재로서 신학을 고용한다면 누구든 상대할 수 있다고 말하고 있다. 경제결정주의의 '역사적 유물론'은 하나의 기계 장치에 불과하며, 마르크스주의가 자동적으로 승리할 것이라는 환상에 불과하다. 이것은 현실을 제대로 논평할 수 없는 가상에 갇혀 있는 것이다.

그러나 이 자동기계와 신학이 결합된다면 그것은 '누구든 상대해 볼 수 있다'는 구원의 가능성을 보여 준다. 벤야민은 자동기계를 통해 역사적 유물론을 조종하는 실체는 신학이어야 한다는 것을 비유적으로 보여 준다. 신학이 결합된 역사적 유물론은 "현실을 제대로 논평"할 수 있으며 "현실성"을 불러일으킬 수 있으리라는 의미가 내포되어 있다.

5. 꼽추 난쟁이

역사적 유물론은 꼽추 난쟁이, 곧 신학을 자기편으로 고용하면 언제든 겨뤄 볼 수 있다고 하는데, 체스 기계를 조종하고 있는 "꼽추 난쟁이"는 어떤 존재인가. 벤야민은 다른 저술에서도 꼽추 난쟁이를 여러 번 언급하고 있기도 한데, 꼽추 난쟁이에 대한 해석도 다양하다.[5] 여기에서는 벤야민의 다른 글에 드러난 맥락을 통해서 살펴보고자 한다. 벤야민의 글에서 꼽추 난쟁이는 대체로 왜곡과 망각의 알레고리적 시선을 가지고 있는 자로 묘사된다. 벤야민의 「1900년경 베를린의 유년시절」 안의 짧은 글, '꼽추 난쟁이'를 함께 보자.

------

5   벤야민이 말하듯이 신학에 근거한 해석도 있다. 예를 들면 아감벤은 벤야민이 말하는 꼽추 난쟁이를 난쟁이 신학자, 즉 바울로 해석한다(아감벤, 2008, 226-227). 바울은 실제로 키가 작았고 '바울'이라는 이름은 '키 작은 사람'이라는 뜻을 가지고 있다. 서규환은 구약성서 「레위기」 21장에서 하느님에게 식물을 드릴 수 없는 자들 가운데 난쟁이가 포함되어 있다고 밝히고 있다. 이는 「레위기」 19:18-34의 이웃 사랑에 대한 맥락과 연관이 있다는 점에서 이웃 사랑을 실천하는 맥락으로 해석하기도 한다. 자세한 논의는 서규환(2018)의 97-107쪽을 참조할 것.

꼽추 난쟁이가 쳐다보면 사람들은 주의력을 잃는다. 자기 자신에 대해서도, 꼽추 난쟁이에 대해서도. 사람들은 산산조각난 물건 앞에 당황해하며 서 있다. "내가 부엌에 가려고 하면 / 나의 수프를 끓이려고 하면 / 꼽추 난쟁이가 거기 있어 / 나의 냄비를 깨뜨렸다네." 그가 나타나면 나는 헛수고를 했다. 세월이 지나면서 정원은 작은 정원이 되고, 벤치는 작은 벤치가 되고, 방은 작은 방이 되면서 이윽고 모든 사물들이 사라졌기 때문에 나는 헛수고를 했다. 모든 사물들은 오그라들었다. 마치 그들에게 혹이 생겨 아주 오랫동안 난쟁이의 세계에 동화라도 될 것처럼. 난쟁이는 내가 가는 곳이면 어디라도 나타나 선수를 쳤다. 내 앞을 가로막으면서 선수를 쳤다. 그러나 그 우중충한 관리인이 하는 일이란, 내가 사물에 다가갈 때마다 망각의 창고에 저장하기 위해 거기서 절반을 회수해 가는 일뿐이다. "내가 나의 작은 방에 가려고 하면 / 나의 시리얼을 먹으려고 하면 / 꼽추 난쟁이가 서 있어 / 나의 시리얼을 이미 절반쯤 먹어 치웠네"(2012, 150).

벤야민의 이 '꼽추 난쟁이'라는 글에는 독일의 〈꼽추 난쟁이〉라는 민요가 인용되어 있다. 그 전문을 읽어 보자.

내가 내 조그만 정원에 나가,
내 양파에 물을 주려 하면,
거기 한 곱사둥이 난쟁이가 서 있어,
재채기를 하기 시작하네.

내가 내 조그만 부엌에 가서,
내 수프를 끓이려 하면,
거기 한 곱사둥이 난쟁이가 서 있어,
내 냄비를 깨뜨렸네.

내가 내 작은 방으로 가서,
내 죽(시리얼)을 먹으려 하면,
거기 한 곱사둥이 난쟁이가 서 있어,
이미 절반을 먹어 치웠네.

내가 내 땅에 나가,

내 나무를 가져오려 하면,

거기 한 곱사등이 난쟁이가 서 있어,

절반을 이미 훔쳐 갔네.

내가 지하실에 내려가,

내 포도주를 뽑으려 하면,

거기 한 곱사등이 난쟁이가 서 있어,

포도주 단지를 빼앗아 가네.

내가 내 작은 자전거에 앉아,

내 페달을 밟아 돌리려 하면,

거기 한 곱사등이 난쟁이가 서 있어,

자전거가 구르지 못하게 하네.

내가 내 작은 방에 가서,

잠자리를 펴려고 하면,

거기 한 곱사등이 난쟁이가 서 있어,

웃기 시작하네.

내가 내 긴 의자에 무릎 꿇고 앉아,

조금 기도를 하려 하면,

거기 한 곱사등이 난쟁이가 서 있어,

말하기 시작하네.

귀여운 아이야, 부탁인데,

곱사등이 난쟁이를 위해서도 기도해 주렴!

어린아이는 자신이 뭔가 하려고 하면, 꼽추 난쟁이가 몰래 지켜보고 해코지하는 바람에 자꾸 긴장하고 실수한다. 어린 시절을 떠올려 본다면 아마도 누구나 공감할 수 있는 내용이 아닐까. 어린아이는 어른처럼 무엇이든 완벽하게 해낼 수 있을 것만 같은 자신감이 넘치는데, 이런 의도와는 상관없이 자꾸 넘어지고, 깨트리고, 잃어버리고, 당황하고, 실수하고, 혼나기 일쑤이다. 어린아이의 눈에 이것은 결코 자기가 지지른 실수가 아니다. 꼽추 난쟁이는 어린아이가 무엇을 하려고만 하면 어느 새 나타나 아이를 빤히 쳐다보고 있는 통에, 더 긴장하고 실수하게 만드는 존재이다. 그래서 이 꼽추 난쟁이는 내가 하려는 일을 왜곡하게 하고, 내가 가진 기억의 절반을 망각의 창고로 가지고 가는 존재이다. 이런 관점에서 꼽추 난쟁이는 왜곡과 망각의 알레고리적 시선이다.

> 짐을 진다는 것은 여기선 망각과 같은 것이다. 똑같은 상징이 "꼽추 난쟁이"라는 민요에 나온다. 이 조그만 사나이는 왜곡된 삶 속에서 편안함을 느낀다. 그는 메시아의 출현과 함께 사라질 것이다(1994, 162).

이 민요는 맨 마지막에 자신을 위해서도 기도해 달라는 꼽추 난쟁이의 부탁과 함께 끝나는데, 벤야민은 「프란츠 카프카」라는 글에서 이 꼽추 난쟁이가 메시아의 등장과 함께 사라질 것이라고 말한다. 어린아이가 꼽추 난쟁이를 위해 기도하고 진정한 메시아가 나타난다면, 그래서 인류에게 유토피아적 구원이 도래한다면 꼽추 난쟁이라는 왜곡과 망각의 알레고리적인 존재는 사라질 것이다. 그때에는 현실에 대한 논평이 필요하지 않을 것이기에.

또한 벤야민은 신학을 압지와 잉크의 비유로 설명하기도 한다.

내 사유가 신학에 대해 갖는 관계는 압지가 잉크에 대해 갖
는 관계와 같다. 이 압지는 잉크를 흠뻑 빨아들인 상태이
다. 하지만 그 사유가 압지와 같을 경우, 글로 쓰인 것은 아
무것도 남아 있지 못할 것이다(2005, [N 7a, 7]).

압지는 요즘은 거의 사용하지 않지만 잉크나 먹물 등으로
쓴 글씨가 번지거나 묻어나지 않도록 눌러서 물기를 빨아들이
는 종이를 말한다. 그래서 사유에 해당하는 압지는 글씨에서
신학이라는 잉크를 흠뻑 빨아들인 상태이지만, 정작 압지에 글
씨가 남아 있지는 않다. 그러니까 벤야민이 비유하는 역사적
유물론은 신학을 흠뻑 빨아들였지만, 신학이라는 것이 모습을
드러내지 않고 숨은 상태인 것이다. 그렇기 때문에 "오늘날 주
지하다시피 왜소하고 흉측해졌으며 어차피 모습을 드러내어서
는 안 되는 신학"이라고 칭한 것이 아닐까.

따라서 이렇게 신학의 결합을 요청하고 있는 벤야민의 역사

적 유물론은 마르크스의 역사적 유물론과 일치한다고 볼 수 없다. 벤야민의 역사적 유물론은 신학을 자기편으로 고용해야 하는, 다음 테제 2의 표현에 의하면 "**약한** 메시아적 힘(ㅇㅑㄱㅎㅏㄴ 메시아적 힘)"이 결합된 역사적 유물론이다.[6,7] 강한 메시아의 힘이 아니고 "**약한** 메시아의 힘"이다. 이에 대해서는 다음 테제에서 자세히 다룰 것이다.

----

6 보통 "희미한 메시아적 힘"이라고 번역하는데, 서규환(2018)은 "**약한** 메시아적 힘"으로 번역하며, 여기에서는 "**약한** 메시아적 힘(ㅇㅑㄱㅎㅏㄴ 메시아적 힘)"으로 표기한다. 이에 대한 자세한 논의는 테제 2에서 다룬다.

7 "슬라보예 지젝은 『죽은 신을 위하여』에서 이 체스 두는 자동기계의 알레고리를 오늘날의 시대에 맞게 비튼다. 그에 따르면 민주화되고 자유로운 포스트 모던 시대에 종교는 어느 문화권에서도 자신을 드러낼 수 있고 보편화되었기에 더는 흉측한 형상이 아닌 데 반해, 유물론은 현실 사회주의가 붕괴한 이래 모습을 드러내기 부끄러워졌다는 것이다. 즉 오늘날 역사적 유물론은 후퇴하고 있는 반면 신학은 해체론으로 변장하고 수명을 늘리는 데 성공했다는 것이다. 그러면서 지젝은 '기독교의 전복적 핵심은 오로지 유물론적 접근을 통해서만 이해할 수 있으며, 역으로 진정한 변증법적 유물론자가 되기 위해서는 기독교적 경험을 가져야 한다'는 점을 역설한다." 지젝의 관점에서 벤야민의 역사적 유물론과 신학의 관계가 전도되기는 했으나, 오늘날에도 정치적-신학적 상호 관계가 작동하고 있다는 것을 확인할 수 있다(지젝, 2007, 11; 최성만, 2012, 17 재인용).

—

헤르만 로체는 "인간의 심성이 지니는 가장 두드러진 특징들 중에는 [⋯] 세세한 것에서 보이는 수많은 이기심 이외에도 어떤 현재든 일반적으로 미래에 대해 아무런 부러움도 갖고 있지 않다는 점이 속한다"고 말한다. 이러한 성찰은 우리가 품고 있는 행복의 이미지라는 것이 전적으로, 우리 자신의 삶의 흐름이 우리를 원래 그쪽으로 가도록 가리킨 시간으로 채색되어 있다는 점을 깨닫게 한다. 우리에게서 부러움을 일깨울 수 있을 행복은 우리가 숨 쉬었던 공기 속에서 존재하고, 우리가 말을 걸 수 있었을 사람들, 우리 품에 안길 수 있었을 여인들과 함께 존재한다. 달리 말해 행복의 관념 속에는 구원의 관념이 포기할 수 없게 함께 공명하고 있다. 역사가 대상으로 삼는 과거라는 관념도 사정이 이와 마찬가지다. 과거는 그것을 구원으로 지시하는 어떤 은밀한 지침을 지니고 있다. 우리 스스로에게 예전 사람들을 맴돌던 바람 한 줄기가 스치고 있지 않은가? 우리가 귀를 기울여 듣는 목소리들 속에는 이제는 침묵해 버린 목소리들의 메아리가 울리고 있지 않은가? 우리가 구애하는 여인들에게는 그들이 더는 알아보지 못하는 자매들이 있지 않을까? 만약 그렇다면 과거 세대의 사람들과 우리 사이에는 은밀한 약속이 있는 셈이다. 그렇다면 우리는 이 지상에서 기다렸던 사람들이다. 그렇다면 우리에게는 우리 이전에 존재했던 모든 세대와 **약한(ㅇㅑㄱㅎㅏㄴ)** 메시아적 힘이 함께 주어져 있는 것이고, 과거는 이 힘을 요구하고 있는 것이다. 이 요구는 값싸게 처리해 버릴 수 없다. 역사적 유물론자는 그것을 알고 있다.

1. 행복의 관념

"우리 스스로에게 예전 사람들을 맴돌던 바람 한 줄기가 스치고 있지 않은가?" 어느 날 바람이 솔솔 불어오는 산책길을 걷고 있으면, 문득 저 아득히 먼 시간으로부터 바람이 불어오고 있는 것 같다고 느낄 때가 있다. 지금 귓가에 스치는 이 바람은, 저 먼 시간 속에서 날아와 여전히 무언가를 속삭이고 있지 않은가 하고 말이다.

이처럼 벤야민은 행복이 "우리가 숨 쉬었던 공기, 우리가 말을 걸 수 있었을 사람들, 우리 품에 안길 수 있었을 여인들"과 함께 존재한다고 한다. 자세히 들여다보면 벤야민은 '나'가 아니라 '우리'라고 말하고 있다. 역사적 주체를 단수의 고독한 개인이 아니라 '우리'라는 복수의 주체들이 존재하는 공동체로 상정하고 있다는 것을 알게 된다.

그리고 예전 사람들이 아니라 현재에 있는 '우리'라고 말하면서도, 이것을 '과거형'으로 쓰고 있다. 그러니까 이 바람은 과거에서부터 불어와 현재 우리에게도 불고 있는 것이다. 그리고 벤야민이 '행복의 이미지'는 우리 삶의 흐름이 가리킨 '시간'으로 채색되어 있다고 말하듯이, 행복이란 수많은 시간성 속에 있음을 깨닫게 된다.

그리고 행복이란 공기, 사람들, 여인들과 같은 소소한 것들 사이에 있음을 담담한 어조로 말하고 있는 것 같기도 하다. 그러나 소소한 행복이라고 하여 결코 가볍거나 작은 행복이라고 말할 수 없다. 왜냐하면 일상에서 이러한 소소한 행복이 불가능했던, 전체주의가 지배하던 시기가 존재했다는 것을 우리는 알고 있기 때문이다. 이 지점을 자세히 들여다보자.

벤야민은 이 테제의 전반부에서 행복은 우리가 숨 쉬었던 공기, 사람들, 여인들과 함께 존재한다고 말하고, 다시 후반부에서 비슷한 말을 되풀이한다. 그 맥락을 정리하면 다음과 같다.

표1 행복의 관념

전반부	후반부
우리가 숨 쉬었던 공기	예전 사람들을 맴돌던 바람 한 줄기
우리가 말을 걸 수 있었을 사람들	이제는 침묵해 버린 목소리들의 메아리
우리 품에 안길 수 있었을 여인들	알아보지 못하는 자매들

첫째, "우리가 숨 쉬었던 공기"는 "예전 사람들을 맴돌던 바람"으로 불어오고 있다. 우리가 지금 함께 숨 쉬는 바람이라기보다는, 예전 사람들을 맴돌던 바람이 스친다고 표현하고 있다. "숨Luft"은 영혼, 유령, 정신 등으로 번역되어 온 복합적인 용어이다. 그래서 우리가 숨 쉬었던 공기는 우리가 함께 공유해 온 숨, 곧 영혼과 정신을 의미한다(서규환, 2018, 112). 그래서 "예전 사람들을 맴돌던 바람 한 줄기", 우리의 숨, 영혼, 정신이 과거에서 현재로 이어지는 역사의 바람이 불어온다.

둘째, "우리가 말을 걸 수 있었을 사람들"은 "이제는 침묵해 버린 목소리들의 메아리"가 되어 울리고 있다. 왜 그 목소리들은 침묵해 버렸을까. 수많은 역사의 바람 속에서 침묵할 수밖에 없었던 목소리들은 무엇일까. 어쩌면 이들은 역사에서 희생된, 억압된 사람들이기 때문에 침묵해 버린 목소리가 아닐까. 침묵한 자의 목소리는 들리지 않지만, 그것은 메아리가 되어서 울리고 있는 것이다.

셋째, "우리 품에 안길 수 있었을 여인들"은 이제는 "알아보지 못하는 자매들"이라고 한다. 침묵해 버린 목소리뿐만 아니라, 이제는 서로 친밀함을 잃어버리고 알아보지 못하는 관계가 되어 버린 것이다. 역사는 그러한 여인들을 잊어버린 것이 아닌가.

역사의 바람은 여전히 우리 주변에 불고 있어서 우리가 함께 숨 쉴 수 있는 공기이기에, 우리는 어쩌면 그 목소리들을 다시 깨울 수 있지 않을까. 예전처럼 말을 걸고 대화할 수 있지 않을까. 여인들을 다시 알아보고 우리 품에 안을 수 있지 않을까.

벤야민은 침묵하고 있는 목소리를, 외면하고 있는 역사를 회상하고 다시 일깨우길 바라고 있다. 벤야민은 과거의 희생자들을 역사적으로 '회상Eingedenken'하는 것을 구원이라고 생각한다.[8] 그래서 벤야민은 "과거 세대의 사람들과 우리 사이에는 은밀한 약속이 있는 셈"이며, "우리는 이 지상에서 기다렸던 사람들"이라고 말한다. "역사적 유물론자는 그것을 알고 있다." 즉, 그동안의 역사가 침묵해 버린 목소리들의 메아리였다면 이제 역사적 유물론자는 그 목소리를 회상하고 깨울 수 있는, 이 지

---

8 Eingedenken은 '기억하다, 명심하다, 잊지 않다'를 뜻하는 독일어 동사 eingedenk에서 파생된 명사로 회상, 기억, 회억, 불망 등으로 번역된다. 여기에서는 '회상'이라고 옮긴다.

상에서 기다렸던 사람들인 셈이다.

2. 구원의 개념: 어떻게 역사의 개념을 세울 것인가

벤야민은 테제 2에서 행복의 관념과 구원의 관념을 이야기한다. 그러면서 "행복의 관념 속에는 구원의 관념이 포기할 수 없게 함께 공명하고 있다. 역사가 대상으로 삼는 과거라는 관념도 사정이 이와 마찬가지다"라고 쓰고 있다. 즉 과거라는 관념 속에는 구원의 관념이 포기할 수 없게 공명하고 있다는 의미이다. 그러면 벤야민이 생각하는 구원은 어떤 의미인지 다른 인용문을 먼저 살펴보자.

'구원' 개념에 대해. 개념이라는 돛에 불어오는 절대적인 것의 **바람**(바람의 원리는 순환적이다). 돛의 각도는 상대적이다 (2005, [N 9, 3], 강조는 인용자).

변증법적으로 사유하는 사람에게 있어 중요한 것은 돛이 **세계사의 바람**을 맞도록 하는 것이다. 이들에게서 사유하는 것이란 돛을 올리는 것을 의미한다. 어떻게 돛을 올릴 것인가가 중요하다. 말이 그의 돛이다. **어떻게 돛을 올릴 것인가.** 그것이 말을 개념으로 만든다(2005, [N 9, 6], 강조는 인용자).

변증법적으로 사유하는 사람이란 돛이 **역사의 바람**을 맞도록 하는 사람을 가리킨다. 돛은 개념이다. 그러나 돛을 자유롭게 조정하는 것만으로는 충분하지 않다. 중요한 것은 **돛을 세우는 기술**이다(2005, [N 9, 8], 강조는 인용자).

『아케이드 프로젝트』에서 벤야민은 구원의 개념을 배의 "돛"에 비유하며 설명한다. 돛이 바람을 맞으며, 배가 나아간다. 여기에서 벤야민은 돛을 개념이라고 본다. "개념이라는 돛"에 "절대적인 것의 바람", "세계사의 바람", "역사의 바람"이 불어온다. 벤야민은 여기에서 모두 바람을, 즉 역사의 바람을 이야기하고 있다. 시간 속에서 역사의 바람은 필연적이고 절대적으로 불어온다. 그러할 때, 우리는 돛을 어떻게 세워야 할까를 생각해야 하는 것이다.

　벤야민은 역사의 바람은 순환적이고, 절대적이며, 돛의 각

그림3 배의 돛 © Gordon Leggett

도는 상대적이라고 말한다. 그러면서 벤야민은 돛의 조정보다
는 "어떻게 돛을 올릴 것인가", "중요한 것은 돛을 세우는 기술"
이라고 여러 번 강조한다. 즉, "어떻게 역사의 개념을 세울 것인
가"가 더 중요한 과제이다. 역사의 개념에 해당하는 돛을 잘 세
웠다면, 그 다음에 돛을 조정하는 것은 어려운 일이 아니다. 일
단 돛이 세워지면 그 순간순간 바람의 방향과 날씨의 변화에
따라 상대적으로 조정하며 나아갈 수 있다. 그러나 반대로 역
사의 개념을 제대로 세우지 못한다면, 절대적인 역사의 바람

앞에서 돛을 조정하기는 어려울 것이다. 그 돛의 각도를 조정해도 배는 제대로 나아가지 못할 것이다. 그래서 우선적이며 근본적인 것은 역사의 개념(돛)을 잘 세우는 것이다.

벤야민은 변증법적으로 사유하는 사람에 대해 "사유하는 것이란 돛을 올리는 것을 의미한다", "말이 그의 돛이다. 어떻게 돛을 올릴 것인가. 그것이 말을 개념으로 만든다"고 서술하며 사유와 말(언어)은 긴밀한 관계가 있음을 드러낸다. 우리의 사유는 새로운 개념을 만들어 내고 그것은 새로운 언어로 표현된다. 또 그렇게 만들어진 언어로 우리는 다시 사유한다. 그래서 일상적으로는 개념화된 언어로 사유하고, 그 언어로 소통하는 것이다. 따라서 언어가 제대로 개념화되어 있어야 그것에 기반하여 사유하고, 상대방과 대화할 수 있다. 그러나 언어의 개념이 제대로 세워져 있지 않고, 개념이 협소해진다면 우리의 사유마저도 협소해질 우려가 있다. 역사도 이와 마찬가지이다.

벤야민이 보기에 역사의 개념을 잘 세우는 것은 구원의 가능성을 여는 것이다. "행복의 관념 속에는 구원의 관념이 포기할 수 없게 함께 공명하고" 있듯이, 우리가 숨 쉬었던 공기, 사람들, 여인들과 함께 존재하는 행복의 관념 속에는 이 구원의 관념이 함께 공명할 것이기 때문이다.

3. 약한(ㅇㅑㄱㅎㅏㄴ) 메시아적 힘

이렇게 과거 역사의 바람과 지금 역사의 바람이 만나고 있다면, "우리에게는 우리 이전에 존재했던 모든 세대와 **약한**(ㅇㅑㄱㅎㅏㄴ) 메시아적 힘이 함께 주어져 있는 것이고, 과거는 이 힘을 요구하고 있는 것이다". 바로 여기에서 "약한(ㅇㅑㄱㅎㅏㄴ) 메시아적 힘"이 등장한다. 여기에서 벤야민은 "약한(ㅇㅑㄱㅎㅏ ㄴ)"이라는 용어를 강조하고 있다. 이것은 강력한 메시아적 힘이 아니라, 약한 메시아적 힘이다. 산책하다가 얼굴에 스치는 바람처럼 과거에서부터 불어오는 역사의 바람이 내 볼을 스치고 간다는 것을 느낄 수 있을 만큼의 약한 힘.

그러면 이 "약한(야ㄱㅎㅏㄴ) 메시아적 힘"이란 무슨 의미인가.

첫째, "약하다"는 어떤 의미인가? 아감벤은 이것을 바울의 '몸속의 가시'에서 그 약함이 드러난다고 해석한다(아감벤, 2008, 229). 우리는 『성경』을 통해 바울을 만날 수 있다. 바울은 히니님의 목소리를 들을 수 있으며, 수많은 병자들을 치료하는 위대한 사도였다. 하지만 정작 바울은 자신의 몸을 지속적으로 괴롭히는 질병을 가지고 있었는데, 그것을 "가시"라고 표현하면서 하나님께 가시를 없애 달라고 간절히 기도한다. 「고린도후서」를 읽어 보자.

7 여러 계시를 받은 것이 지극히 크므로 너무 자고하지 않게 하시려고 내 육체에 가시 곧 사단의 사자를 주셨으니 이는 나를 쳐서 너무 자고하지 않게 하려 하심이니라.

8 이것이 내게서 떠나기 위하여 내가 세 번 주께 간구하였더니

9 내게 이르시기를 "내 은혜가 네게 족하도다 이는 내 능력이 약한 데서 온전하여짐이라" 하신지라. 이러므로 도리어 크게 기뻐함으로 나의 여러 약한 것들에 대하여 자랑하리니 이는 그리스도의 능력으로 내게 머물게 하려 함이라.

10 그러므로 내가 그리스도를 위하여 약한 것들과 능욕과 궁핍과 핍박과 곤란을 기뻐하노니 이는 내가 약할 그때에 곧 강함이니라(「고린도후서」, 12:7-10).

바울은 가시로 인해 내가 약할 때에 강해진다고 고백하고
있다. 메시아의 힘은 인류를 심판하는 마지막 날에 강한 신적
폭력을 행사하는 것일 수도 있겠지만, 어쩌면 이렇게 약함 속
에서 온전해지는 메시아의 힘이 존재한다는 의미를 담고 있다.

위대한 랍비는 언젠가 메시아가 힘에 의해 세상을 변화시
키길 바라지 않고 다만 그 속에 약간의 교정만을 하려 한다
고 말했다(1994, 162).

벤야민은 「프란츠 카프카」라는 글에서도 메시아의 힘을 이
야기하는데, 메시아가 "힘에 의해" 세상을 변화시킬 것이 아니
라, "약간의 교정"만을 하려 한다고 쓰고 있다. 그러니까 역사
적 유물론과 결합한 이 신학은 "약간의 교정"만 해도, 인류 역사
의 흐름을 바꿀 수 있다고 보는 것이다.

둘째, "ㅇㅑㄱㅎㅏㄴ"의 표기는 어떤 의미인가? 벤야민은
「역사의 개념에 대하여」 독일어 원문에서, "약한 메시아적 힘"
을 "s c h w a c h e messianische Kraft"라고 쓰고 있다. 즉, "약한
schwache"이라는 독일어 스펠링을 하나하나 자간의 간격을 띄어

서 표기하고 있다. 이것을 한글로 표현하자면 자음과 모음을 띄어서 "ㅇㅑㄱㅎㅏㄴ"이라고 번역해야 할 것이다. 서규환은 "schwache"를 설명하는 논고의 각주에서, 한국어로는 "ㅇㅑㄱㅎㅏㄴ"이라고 번역해야 한다는 필자의 의견을 받아들여 표기했다고 밝히고 있다.[9] 이것은 기표상의 "약한"이라는 의미 외에도 다른 다의적인 의미를 가지고 있다고 보기 때문이다.

어쩌면 이것은 벤야민이 말하는 시간의 개념과 맞닿아 있는 표현이라고 해석할 수 있다. 다음 테제 3에서 벤야민의 시간 개념을 설명하고 있는데, 벤야민의 시간은 직선이 아니라 점선이나 성좌라고 볼 수 있다. 즉, "schwache"은 문자를 이용한 일종의 점선이다. 그 사이사이에는 빈 공간이 있으며, 그 빈 공간에는 매 순간 메시아가 들어올 수 있는 작은 틈이 열려 있다. 이 글의 후반부, 부기 B에서 벤야민은 "미래 속의 매초는 메시아가 들어올 수 있는 작은 문"이라고 쓰고 있기 때문이다. 그러면 벤야민의 시간 개념을 테제 3에서 만나 보자.

---

9 "박상희는 … 자간 간격 표기의 표현을 한국어로 위와 같이 표현해야 한다고 주장한 바, 나는 이를 받아들였다"(서규환, 2018, 108, 각주 179).

테제 3

▬

사건들을 그것들의 크고 작음을 구별하지 않고 헤아리는 연대기 기술자는 그로써 일찍이 과거에 일어난 그 어떤 것도 역사에서 상실되어서는 안 된다는 진리를 중시한다. 물론 구원된 인류에게 비로소 그들의 과거가 완전히 주어지게 된다. 이 말은 구원된 인류에게 비로소 그들의 과거의 매 순간순간이 인용 가능하게 될 거라는 뜻이다. 살았던 순간들 하나하나가 최후의 심판날이 될 날의 의사 일정에 인용 대상이 될 것이다.

◇◇◇◇◇◇◇

1. 벤야민의 시간 개념

우리는 흔히 역사를 이야기할 때, 1960년대, 1970년대, 1980년대 등등은 어떠했는지를 연대기적으로 설명하곤 한다. 그런데 벤야민은 과거의 역사를 연도별로 차례차례 설명하려고 하는 이런 역사학자들을 "연대기 기술자들"이라고 칭하며 비판한다.[10] 진정으로 사건들의 "크고 작음을 구별하지 않고 헤

---

[10] 그러나 미카엘 뢰비는 이 "연대기 기술자들"을 상반된 것으로 이해하고 해석하고 있다. "이런 요청을 설명하기에 연대기 기술자는 잘못 든 예가 아닌가 싶을 수도 있다. 연대기 기술자는 승리자, 왕, 군주, 황제의 관점에서 역사를 쓰는 자의 전형적 형상이 아닌가? 벤야민은 짐짓 이와 같은 측면을 무시하려는 듯이 보인다. [그렇지만] 연대기 기술자를 선택한 까닭은, 벤야민이 자신이 바라마지 않는 이 '완전한' 역사, 즉 아무리 변변치 않은 세부나 사건도 배제하지 않는 역사, 그리고 그 안에서 어떤 것도 '상실'되지 않는 역사를 대표하기 때문이다"(뢰비, 2009, 75-76). 이와 같이 뢰비는 벤야민의 연대기 기술자에 대해 "잘못 든 예가 아닌가", 혹은 "짐짓 무시하려는 듯이 보인다"고 의심스럽게 설명하고 있다. 그러나 벤야민은 '구원되기 전의 인류'는 이러한 연대기 기술자들처럼 기술할 수 없음을 말하고 있다. 사건들의 "크고 작음을 구별하지 않고 헤아리는" 역사는 '구원된 인류'에게만 가능하다. 따라서 연대기 기술자는 벤야민이 비판하는 역사주의의 서술자들이다.

아리는" 역사는 '구원된 인류'에게만 가능한 것이다.

이를 이해하기 위해서는 먼저 시간 개념을 살펴보아야 한다. 일반적으로 역사나 시간 개념을 이야기할 때 직선의^{linear} 시간으로 설명하곤 한다. 과거에서부터 현재를 거쳐 미래로 나아가는 하나의 직선을 상정하고 있는 것이다. 그러나 동양이나 인디언들의 시간 개념은 이와는 다르다. 이들은 시간을 계절이 순환하듯이, 혹은 불교에서 윤회사상을 이야기하듯이 원처럼 돌고 도는 순환적^{circular} 개념으로 생각하는 경향이 있다. 이처럼 시간 개념은 사유에 따라 다르게 나타나기도 한다.

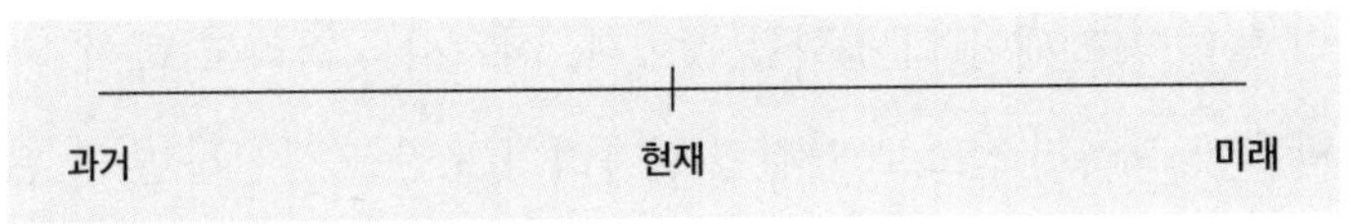

그림 4 직선형 시간 개념의 시각화

그러나 시간을 과거-현재-미래로 연결되는 직선형으로 생각할 때, 벤야민이 말하는 "사건들을 그것들의 크고 작음을 구별하지 않고 헤아리는" 연대기 기술자들은 시간을 균등하게 연결된 것으로 바라보기 때문에, 하나하나의 과거를 열거한다.

이들은 현재의 관점으로 과거의 사건에서 무엇이 중요하고 역
사에 남는 일인지 구별하지 못하는 자들이다.

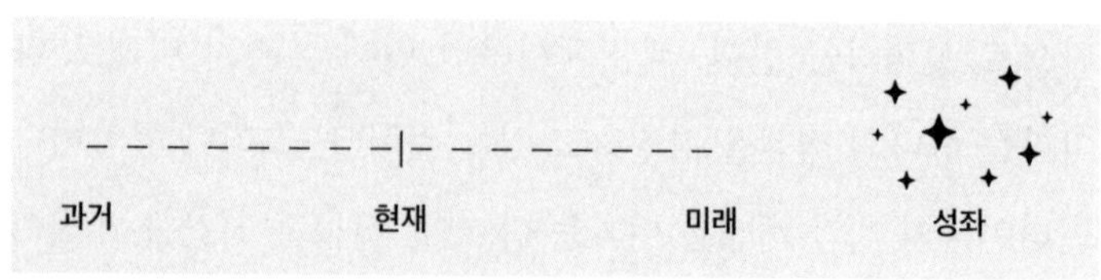

그림 5 벤야민의 시간 개념 시각화: 점선/성좌

벤야민의 시간 개념을 직선형으로 시각화한다면 드문드문
'점선'으로 그려진 형태이거나, 사실상은 점점이 놓여진 '성좌'
의 형태라고 해야 더 정확할 것이다. 여기서 성좌라고 하여, 과
학책에 그려진 선으로 연결된 별자리의 모양을 상상하면 안 된
다. 별의 모양이나 밝기에 따라 별과 별을 선으로 연결하여 신
화 속의 인물이나 동물 등의 형태로 이름 붙인 별자리와는 달
리, 벤야민의 성좌는 그렇게 선으로 연결된 것이 아니라 점점
이 박힌 별들의 성좌를 말한다. 점선이나 점점이 박힌 성좌는
시간의 개념이 흔히 표현하듯 하나의 직선으로, 연속적으로 연
결되어 있지 않다는 것을, 불연속적이라는 것을 의미한다.

그것은 우선, 인간이 과거-현재-미래로 연결되는 모든 시간들을 전부 기억하지 못한다는 한계가 있기 때문이다. 벤야민은 우리가 기억하고 있는 시간의 절반은 이미 꼽추 난쟁이가 망각의 창고로 가지고 갔다고 표현하기도 한다. 그래서 우리가 기억하는 시간은 점선으로, 혹은 성좌로 나타내야 할 것이다. 점선 혹은 성좌에서 빈 공간은 망각을 의미한다. 어떤 과거는 기억하고, 어떤 과거는 이미 망각의 창고로 보냈으니 기억이 나지 않는다. 그래서 "사건들을 그것들의 크고 작음을 구별하지 않고 헤아리는 연대기 기술자"와 같이 기억할 수는 없다. 어떤 사건들은 우리 기억과 역사에서 아주 크게, 또는 작게 기억되거나, 또는 아예 잊혀지기도 한다.

우리 각자의 개인사를 생각해 보아도 마찬가지이다. 아주 오래전의 어떤 과거는 특별한 기억으로 남아 있는 반면, 수많은 다른 과거는 이미 잊혀진 것들도 많다. 때로는 1주일 전에 무엇을 했는지 기억이 나지 않을 때도 있고, 바로 어제 먹었던 음식조차 기억나지 않을 때도 있지 않은가. 또는 잊혀졌던 과거가 불현듯 떠오르기도 한다. 이처럼 우리가 과거를 전부 다 헤아리고 서술할 수 있다는 것은 사실상 거짓이며 불가능한 일이다. 그래서 "과거에 일어난 그 어떤 것도 역사에서 상실되어서는 안 된다는 진리"를 믿고 있는 연대기 기술자들은 이러한 기억과 망각의 시간 개념을 알지 못하는 자들이다.

2. 구원된 인류의 시간 개념

앞서 테제 2의 "**약한**(ㅇㅑㄱㅎㅏㄴ) 메시아적 힘"이라는 표현에서 "ｓｃｈｗａｃｈｅ"는 문자를 이용한 일종의 점선일 거라고 언급했는데, 벤야민의 시간 개념은 메시아적 시간과 연관되어 있다. 벤야민의 시간 개념에서 이러한 점선이나 성좌의 빈 공간은 매 순간 메시아가 들어올 수 있는 시간이기도 하다. 인간의 시각에서는 빈틈없이 연결된 연속성 있는 시간처럼 보이지만, 사실상 빈틈이 벌어져 있으며, 메시아가 도래했을 때 비로소 그것을 완전하게 할 수 있다.

그래서 벤야민은 "구원된 인류에게 비로소 그들의 과거가 완전히 주어지게 된다. 이 말은 구원된 인류에게 비로소 그들의 과거의 매 순간순간이 인용 가능하게 될 거라는 뜻이다"라고 쓰고 있다. 즉, "최후의 심판날"이 되었을 때, 신 앞에서 최후

의 심판을 받을 때, "살았던 순간들 하나하나"가 인용되고 언급
될 것이다. 그래서 인류가 구원되었을 때, 바로 그 순간에 모든
시간들이 완전하게 기억되고 기록되고 인용될 수 있을 것이다.
이것은 신 앞에 선 최후의 심판날이 되었을 때에야 비로소 "과
거에 일어난 그 어떤 것도 역사에서 상실되어서는 안 된다는
진리"가 가능해진다는 메시아니즘적인 시간 개념인 것이다. 다
시 말해, 현실에서는 연대기 기술자들이 말하는 그러한 진리는
가능하지 않다는 의미이다.

테제 4

—

마르크스에 훈련된 역사가가 늘 목전에 두는 계급투쟁은 투박한 물질적인 사물들을 둘러싼 투쟁인데, 이러한 것들이 없이는 섬세하고 정신적인 것들도 있을 수 없다. 그럼에도 계급투쟁에서 이 후자의 것들은 승리자에게 떨어지는 전리품이라는 관념과는 다른 모습으로 주어져 있다. 그것들은 확신, 용기, 유머, 기지, 불굴의 투지로 이 투쟁 속에 살아 있으며, 먼 과거에까지 영향을 미친다. 그것들은 일찍이 지배자들의 수중에 떨어졌던 모든 승리를 새로이 의문시할 것이다. 꽃들이 머리를 태양 쪽으로 향하듯이 은밀한 종류의 향일성에 힘입어 과거는 **바로** 역사의 하늘에 떠오르고 있는 태양을 향하려고 애쓴다. 모든 변화 중에서도 가장 눈에 띄지 않는 이 변화를 역사적 유물론자는 놓치지 말아야 한다.

◇◇◇◇◇◇◇

벤야민은 이 테제 4에서 "물질적인 사물들을 둘러싼 투쟁"과 "섬세하고 정신적인 것들"이라는 대립적이면서도 동시에 존재하는 것에 대해 말하고 있다. 이것은 두 가지로 읽을 수 있다. 하나는 이 테제 앞부분에 헤겔의 논의를 인용했다는 점에서 유물론과 관념론으로, 그리고 본격적으로는 마르크스의 토대와 상부구조로 해석할 수 있다.

1. 유물론과 관념론

마르크스가 말하는 계급투쟁은 "투박한 물질적인 사물들을 둘러싼 투쟁"인데, 이것은 유물론을 의미한다. 그리고 "섬세하고 정신적인 것들"은 마음, 정신을 근원적이라고 보는 관념론을 의미한다. 벤야민은 "물질적인 사물들을 둘러싼 계급투쟁"
이 없이는 "섬세하고 정신적인 것들도 있을 수 없다"고 하며, 물
질적인 것이 먼저이고 그 이후에 정신적인 것이 가능하다는 유
물론적 사유를 드러낸다. 그러나 계급투쟁에서 승리자들이 물
질적인 전리품뿐만 아니라, 그 외에도 정신적인 확신, 용기, 유
머, 기지, 불굴의 투지를 얻게 되며 먼 과거에까지 영향을 미친
다고 쓰고 있다.

여기에서 재미있는 것은, 이 테제 앞부분에 "너희는 먼저 먹
을 것과 입을 것을 찾아라. 그러면 하느님의 나라도 곁들여 받
게 될 것이다"라는 헤겔의 인용문이 있다는 점이다. "먹을 것과
입을 것"은 물질적인 것이 아닌가. 관념론의 대가인 헤겔이 물
질적인 것을 먼저 찾으라고 한다. 그러면 하나님의 나라도 받
게 될 것이라고.

이 구절은 헤겔이 크네벨에게 보낸 1807년 8월 30일 자 편
지에서 인용한 것인데, 「누가복음」 12장 31절, "너희는 먼저 하
느님의 나라를 찾아라. 그러면 이 모든 것도 곁들어 받게 될 것
이다"를 변형한 것이다. 즉, 헤겔이 「누가복음」 내용의 앞뒤 문
장을 바꾸어, "먹을 것과 입을 것"이라는 물질적인 것을 먼저 찾

으라는, 우리가 예상한 관념론과는 전혀 다른 의미를 전달하고 있다는 것이다.

벤야민이 시도한 헤겔과 마르크스의 대비는 재미있는 시도이다. 벤야민은, 헤겔의 관념론에서도 사실은 물질적인 것이 중요하다는 것을 알았으며, 동시에 마르크스의 유물론에서도 사실은 확신, 용기, 유머, 간계, 불굴의 투지 등의 정신적인 것들이 매우 중요하다는 것을 알았다고 본다. 사실상 물질적인 것과 정신적인 것은 인간 사회에 모두 필요한 요소일 수밖에 없다.

2. 토대와 상부구조

그와 동시에, 이것은 마르크스의 역사적 유물론에서의 토대와 상부구조로 해석할 수 있다. "물질적인 사물들을 둘러싼 투쟁"은 생산력과 생산관계의 토대(하부구조)에 해당하는 경제 영역이며, "섬세하고 정신적인 것들"은 정치, 사회, 문화, 예술 영역 등의 상부구조에 해당한다.

마르크스	역사적 유물론자	계급투쟁	비유
상부구조	섬세하고 정신적인 것들	확신, 용기, 유머, 기지, 불굴의 투지	태양
토대	물질적인 사물들을 둘러싼 투쟁	전리품	꽃

계급투쟁으로 말하자면, 토대에 전리품이 놓이고, 상부구조에는 확신, 용기, 유머, 간계, 불굴의 투지 등이 놓일 것이다. 이 정신적인 것들은 금방 사라지는 것들이 아니라, "투쟁 속에 살아 있으며, 먼 과거에까지 영향을 미친다". 즉, 물질적인 사물들을 둘러싼 투쟁이나 전리품뿐만 아니라, 이러한 "섬세하고 정신적인 것들"이 먼 과거에까지 영향을 미치는 중요한 것으로 존재한다.

벤야민은 이것을 꽃과 태양의 비유로 설명하고 있기도 하다. 이것을 토대와 상부구조로 본다면 땅에 뿌리를 내리고 있는 '꽃'은 토대를, 하늘에 있는 '태양'은 상부구조를 의미한다.[11]

---

11 그러나 뢰비는 "태양의 은유는 독일 노동자 운동의 전통적 이미지였다. '형제들이여, 태양을 향해, 자유를 향해'는 사회민주당의 옛 찬가였다"라고 하며, "'태양'은

그런데 이 태양은 다른 하늘이 아니라, "**바로 역사의 하늘**"에 떠 있는 그 태양이다. 이 꽃들은 마치 해바라기처럼 "머리를 태양 쪽으로 향하는 은밀한 종류의 향일성"을 가지고 있다. 그래서 토대는 늘 상부구조를 향해 있다. 태양은 역사의 하늘에 떠 있으니, 그것은 역사의 상부구조일 터이다. 꽃이 자기 혼자 성장할 수 없는, 태양이 필요한 존재이듯이, 토대 또한 자기 혼자 성장할 수 없고 상부구조를 필요로 한다.

따라서 벤야민은 속류 마르크스주의에서 말하는 이른바 경제결정주의에 대해 다시 비판하면서, "태양"에 비유되는 상부구조가 본질적으로 중요하며, 그것은 역사적 유물론에서 비롯된다는 것을 강조하고 있다.

'진보주의' 좌파의 전통에서 여기듯이, 필연적이고 불가피하며 '자연적으로' 도래하는 신세계를 상징하는 것이 아니라 투쟁 자체, 그리고 그 투쟁을 고취하는 유토피아를 상징한다"고 해석한다(뢰비, 2017, 83). 즉, 뢰비는 꽃과 태양을 노동자와 노동자의 유토피아로 상정하고 있는 것이다. 그러나 테제 4는 물질적인 것과 정신적인 것의 대비와 그 상호 관계를 말하고 있는 것으로 해석해야 할 것이다. 참고로, 서구에서 태양의 은유는 전통적으로 진리를 의미한다. 꽃이 태양을 향하듯 진리를 향한 향일성을 뜻한다. 이러한 의미로 본다면 '태양의 은유'는 상부구조가 본질적으로 중요하다는 함의를 내포한다.

3. 경제와 문화

토대-상부구조의 관계를 이해하기 위해 벤야민이 생각하는 경제-문화의 관계에 대해 살펴볼 필요가 있다.

마르크스는 경제와 문화 간의 인과적인 연관성을 드러냈다. 여기서 문제가 되는 것은 표현의 연관이다. **문화가 어떻게 경제에서 성립하는가가 아니라 문화 속에서 경제가 어떻게 표현되는가를 서술할 것**. 다시 말해 경제 과정을 눈에 보이는 원-현상으로, 즉 아케이드에서 벌어지는 모든 삶(따라서 19세기에 벌어지는 모든 삶)의 현상을 그곳으로부터 발생하는 원-현상으로서 파악하려고 시도해 볼 것(2005, [N 1a,6], 강조는 인용자).

벤야민은 이 글에서 "경제와 문화 간의 인과적인 연관성"을 설명한다. 경제가 토대라면, 문화는 상부구조를 의미한다. 벤야민은 여기에서 "문화가 어떻게 경제에서 성립하는가"기 아니라, "문화 속에서 경제가 어떻게 표현되는가"를 서술해야 한다고 명확히 쓰고 있다. 즉, 토대인 경제에서 상부구조인 문화가 성립되고 꽃피는 것이 아니라, 반대로 문화 속에서 경제가 어떻게 드러나고 표현되는지를 서술하라고 조언한다. 이는 앞서 테제 1, 경제결정주의의 '역사적 유물론'에 대한 비판에서 살펴보았던, "상부구조는 하부구조의 표현"이라는 벤야민의 표현과 유사하다.

예를 들어, 벤야민은 도시 연구에서도 문화적 현상을 통해

그림 6　19세기 프랑스 파리의 아케이드

자본주의를 비판하고 읽어 내려고 시도한다. 벤야민은 19세기 프랑스 파리를 연구한 미완성작, 『아케이드 프로젝트』라는 거대한 메모 묶음에서, 당시의 자본주의를 상징하는 것으로 "아케이드Arcade(파사주, Passage)"를 상정한다. 아케이드는 건물과 건물 사이에 있는 길 양쪽에 화려한 신유행품점들이 늘어서 있는 곳으로, 유리와 철로 만들어진 아치 지붕을 덮어 생긴 통로를 말한다. 이 아케이드 지붕은 비가 오건, 눈이 오건, 햇빛이 비치건 상관없이 쇼핑할 수 있는 편안함과 안락함을 제공한다. 그 당시 파리에서는 고객들을 유치하기 위해 아케이드 안에 잔잔한 음악과 분수대를 설치하기도 했다. 아케이드는 상품의 화려함과 풍요로움 속에서 상인과 고객 간의 거래가 오갔던 곳이며, 수많은 군중과 산책자들이 거닐면서 자본주의 문화가 형성되었던 곳이다. 그러나 이 아케이드는 자본주의의 급속한 성장을 보여 줌과 동시에 시간의 흐름에 따라 곧 유행이 지나 버리고 사람들이 찾지 않게 된 폐허를 상징하면서, 자본주의의 단면을 드러내는 곳이 되었다.

그래서 벤야민은 이 "아케이드에서 벌어지는 모든 삶", 즉 "19세기에 벌어지는 모든 삶"이 우리의 문화에 해당한다면, 그곳으로부터 발생하는 "경제 과정을 눈에 보이는 원-현상"으로 파악할 것을 요청하고 있다. 그래서 벤야민은 아케이드의 건축과 인테리어 뿐만 아니라, 거기에 있는 신유행품점을 둘러싼 현상들, 최신 유행, 그곳을 걷는 산책자와 손님의 행태, 그리고 이러한 아케이드의 전성기를 지나 쇠퇴기에 접어든 현상들 속에서, 문화와 자본주의 경제가 맺는 내밀한 관계들을 들추어내고 있는 것이다.

벤야민은 자본주의를 비판하고자 할 때에, 직접적으로 그 경제구조를 논하기보다는 오히려 다양하고 섬세한 문화적 현상들에 '어떻게 표현되는가'에 주목함으로써, 그 원-현상이 어디에서 비롯되는지를 들여다보게 만든다. 즉 벤야민에게 경제와 문화는 따로 떨어진 것이 아니라 "인과적인 연관성"을 가지고 있는 것이다. 그래서 결국 토대와 상부구조는 인과적인 연관성을 가지고, 우리의 모든 삶 안에 원-현상으로 드러난다. 그러니 "물질적인 사물들을 둘러싼 투쟁"과 "섬세하고 정신적인 것들"의 인과적인 연관성에 대하여, 꽃과 태양의 인과적인 연관성에 대하여, "모든 변화 중에서도 가장 눈에 띄지 않는 이 변화를 역사적 유물론자는 놓치지 말아야 한다".

___

과거의 진정한 이미지는 **휙** 지나간다. 과거는 인식 가능한 순간에 인식되지 않으면 영영 다시 볼 수 없게 사라지는 섬광 같은 이미지로서만 붙잡을 수 있다. "진리는 우리에게서 달아나지 않을 것이다"라는 켈러의 말은 역사주의가 추구하는 역사의 이미지를 표현해 주는데, 바로 이 지점이 역사적 유물론자에 의해 혁파되는 장소이다. 왜냐하면 과거의 진정한 이미지는 매 현재가 스스로를 그 이미지 안에서 의도된 것으로 인식하지 않을 경우 그 현재와 더불어 사라지려 하는 과거의 복원할 수 없는 이미지이기 때문이다.

1. '휙' 지나가는 섬광 같은 이미지

우리는 과거를 어떻게 떠올릴까.

가만히 과거의 기억을 더듬어 보면 어떤 이미지, 어떤 장면으로 떠오르지 않는가. 이처럼 벤야민은 과거를 기억하는 것은 '이미지'를 떠올리는 것과 같다고 보았다. 우리가 생각하는 사유는 이미지와 결합되어 있는데, 이것은 그의 「사유이미지」라는 글 제목에도 나타난다.

현재에 서 있는 우리가 현재, "지금시간"에서 과거를 만나는 것이기 때문에, 이미지는 고정되어 있지 않다. 이 과거의 이미지는 '휙' 지나간다고 벤야민은 강조하고 있다. 빠른 속도로 스쳐 지나가기 때문에, 빠르게 붙들어야 하는 이미지이다.

그 이미지가 진정한 이미지라면 그것은 그 이미지의 순간성 덕분이다. 그 순간성에 그 이미지의 유일한 기회가 놓여 있다. 이 진리가 덧없이 사라지는 것이고 한줄기 바람이 그 진리를 쓸어가 버리기 때문에 많은 것이 그 순간성에 달려 있다. 왜냐하면 영원성과 더 잘 어울리는 가상이 그 자리를 기다리고 있기 때문이다(2009b, 380-381).

벤야민은 과거의 이미지가 진정한 이미지라면 그것은 "순간성" 덕분이라고 한다. 이것은 역사적 유물론이 역사주의가 표방하는 연속성, 영원성과 대비되기 때문이다. 그렇다고 벤야민의 역사 이론을 오늘날의 탈현대주의, 후기구조주의에서 말하는 해체, 파편화 등의 순간성 이론이라고 규정할 수는 없다 (서규환, 2009, 201). 벤야민은 현재와 과거가 섬광처럼 만나는 그 순간성을 말하고 있는 것이다.

2. 변증법적 이미지

벤야민은 "과거는 인식 가능한 순간에 인식되지 않으면 영영 다시 볼 수 없게 사라지는 섬광 같은 이미지로서만 붙잡을 수 있다"고 쓰고 있는데, 이것은 "변증법적 이미지"를 말한다. 변증법적 이미지라는 용어가 조금 낯설게 느껴질 수 있지만,

우리가 과거를 기억할 때 떠오른 이미지는 하나의 고정된 이미지가 아니라, 헤겔의 변증법과 같이 현재와 과거가 '파바박'하고 섬광처럼 만나는 과정을 겪는다는 것을 의미한다. 이것을 시각적으로 표현한다면 다음과 같다. 현재와 과거가 한순간에 새로운 의미로 만나고 있기 때문이다.

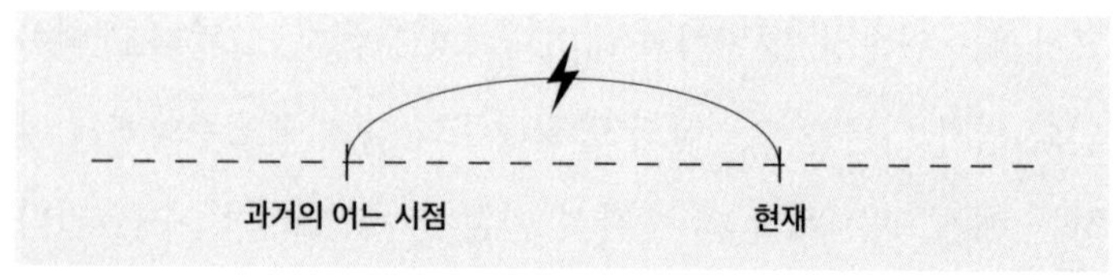

그림 7　벤야민의 섬광 같은 이미지

과거가 현재에 빛을 던지는 것도, 그렇다고 현재가 과거에 빛을 던지는 것도 아니다. 오히려 이미지란 과거에 있었던 것이 지금^{Jetzt}과 섬광처럼 한순간에 만나 하나의 성좌를 만드는 것을 말한다. 다시 말해 이미지는 **정지 상태의 변증법**이다. 왜냐하면 현재가 과거에 대해 갖는 관계는 순전히 시간적·연속적인 것이지만 과거에 있었던 것이 지금에 대해 갖는 관계는 변증법적인 것이기 때문이다. 즉, 진행적인 것이 아니라 이미지적인 것이며, 비약적인 것이다. ─변증법적 이미지만이 진정한(즉, 태곳적 이미지가 아니다) 이미지이다. 그리고 우리가 이러한 이미지들을 만나는 장소, 그것이 언어이다(2005, [N 2a, 3], 강조는 인용자).

그래서 벤야민에게 변증법적 이미지란 '그때'가 번개처럼 '지금'과 하나의 구도로 만나는 것이다. 다른 말로 표현하면 이미지는 "정지 상태의 변증법"이다. 변증법적 이미지는 역사적 스냅사진 혹은 정지된 영화 이미지라고도 표현할 수 있는데, 이것은 지금이라는 지점에 서 있는 우리가 순간 정지해서 과거의 망각된 것을 기억하는 순간인 것이다.

이러한 벤야민의 변증법적 이미지는 프루스트의 무의지적 기억으로부터 영감을 받았다. 마르셀 프루스트Marcel Proust의 『잃어버린 시간을 찾아서』에는 그 유명한 마들렌과 홍차에 대한 이야기가 나온다.

침울했던 하루와 서글픈 내일에 대한 전망으로 마음이 울적해진 나는 마들렌 조각이 녹아든 홍차 한 숟가락을 기계적으로 입술로 가져갔다. 그런데 과자 조각이 섞인 홍차 한 모금이 내 입천장에 닿는 순간, 나는 깜짝 놀라 내 몸속에서 뭔가 특별한 일이 일어나고 있다는 사실에 주목했다. 이유를 알 수 없는 어떤 감미로운 기쁨이 나를 사로잡으며 고립시켰다. … 그러자 갑자기 추억이 떠올랐다. 이 맛, 그것은 콩브레 시절의 주일날 아침(그날은 언제나 미사 시간 전에는 외출하는 일이 없었기 때문에), 내가 레오니 고모의 방으로 아침 인사를 하러 갈 때, 고모가 곧잘 홍차나 보리수 꽃을 달인 물에 담근 후 내게 주던 그 마들렌의 작은 조각의 맛이었다(프루스트, 2012, 87-88).

소설 속에서 주인공은 어머니가 주신 마들렌과 홍차 한 입을 맛보고는 어린 시절의 "추억이 갑자기 떠올랐다". 그와 동시에 어린 시절의 마을과 집, 거리, 사람들이 한꺼번에 눈앞에 펼쳐지는 것 같은 신비한 경험을 하게 된 것이다. 우리도 종종 이런 경험을 하곤 한다. 길을 걷다가 어디에선가 맛있는 냄새가 솔솔 풍겨 올 때, 예전에 어머니가 해 주시던 그 음식이, 그 시절의 장면들이 문득 기억나지 않는가. 혹은 어린 시절에 들었던 음악이 들려올 때, 그 시절이 불현듯 떠오르지 않는가. 때때로 과거는 우리의 이성이나 의지와는 상관없이, 어떤 감각 안에 숨어 있다가 갑자기 '무의지적인 기억'으로 떠오르는 것이다. 현재의 순간이 과거와 섬광처럼 만나 어떤 이미지를 가져다 주는 것이다.

3. 역사적 유물론자에 의해 혁파되는 장소

벤야민은 "진리는 우리에게서 달아나지 않을 것이다"라는 고트프리트 켈러^{Gottfried Keller}의 말을 인용하면서, 그의 역사주의를 혁파해야 한다고 주장한다. 벤야민은 『아케이드 프로젝트』와 「수집가이자 역사가 에두아르트 푹스」에서도 이러한 말을 반복하고 있다.

"진리가 우리로부터 도망가는 일은 없을 것이다"라고 켈러는 에피그램의 한 구절에서 말하고 있다. 이 프로젝트의 서술에서는 이런 식으로 정식화되는 진리 개념과 결별할 것 (2005, [N 3a, 1]).

"진리는 우리에게서 달아나지 않을 것이다"라는 고트프리트 켈러의 말은 역사주의가 추구하는 역사의 이미지를 표현해 주는데, 바로 이 지점이 역사적 유물론자에 의해 혁파되는 장소이다. 왜냐하면 과거의 진정한 이미지는 매 현재가 스스로를 그 이미지 안에서 의도된 것으로 인식하지 않을 경우 그 현재와 더불어 사라지려 하는 과거의 복원할 수 없는 이미지이기 때문이다(2009b, 260-261).

켈러는 "진리는 우리에게서 달아나지 않을 것이다"라고 말하고 있으니, 그에게 있어 진리는 고정적이고 확고한, 정식화된 것이라고 말할 수 있다. 그러나 역사 서술에 있어서, 과거의 진리가 이처럼 고정적이고 정식화된 것이라면, 그것은 현재의 시점에서 역사를 바라보는 관점이라고 볼 수 없다. 우리의 현재는 새롭게 구성되고 변화하는 변증법적 이미지이기 때문이다. 따라서 켈러와 같은 역사주의적 관점은 "역사적 유물론자에 의해 혁파되는 장소이다".

—

과거를 역사적으로 표현한다는 것은 그것이 '원래 어떠했는가'를 인식하는 일을 뜻하는 것이 아니다. 그것은 위험의 순간에 섬광처럼 스치는 어떤 기억을 붙잡는다는 것을 뜻한다. 역사적 유물론의 중요한 과제는 위험의 순간에 역사적 주체에게 예기치 않게 나타나는 과거의 이미지를 붙드는 일이다. 그 위험은 전통의 존속에뿐만 아니라 그 전통의 수용자들에게도 닥친다. 둘 모두에게 그 위험은 똑같은 것으로서 지배계급의 도구로 넘어갈 위험이다. 어느 시대에는 선승된 것을 제입하려 획책하는 타협주의로부터 그 전승된 것을 쟁취하려는 시도가 이루어지지 않으면 안 된다. 메시아는 구원자로서만 오는 것이 아니다. 메시아는 적그리스도를 극복하는 자로서 온다. 죽은 자들도 적이 승리한다면 그 적 앞에서 안전하지 못하다는 점을 투철하게 인식하고 있는 역사가**에게만** 오로지 과거 속에서 희망의 불꽃을 점화할 재능이 주어져 있다. 그리고 이 적은 승리하기를 멈추지 않았다.

◇◇◇◇◇◇◇

1. 섬광, 그리고 길게 이어지는 천둥소리

과거가 '원래 어떠했는가'를 인식하는 일은 역사주의의 방법론이다. 이 말은 원래 19세기 역사학자 레오폴트 폰 랑케 Leopold von Ranke의 유명한 명제인데, 벤야민은 이것을 인용하면서 역사주의를 비판한다. 과거가 원래 어떠했는가를 인식하려는 시도는 사실 그대로의 역사를 묘사할 수 있다는 관점을 전제로 하는데, 벤야민이 보기에 이것은 불가능하다. 과거는 원래 어떠한 것으로 정해져 있는 것이 아니라, 현재의 경험에서 과거를 불러일으키는 일이기 때문이다. 벤야민에게 있어서 "과거를 역사적으로 표현한다는 것"은 "위험의 순간에 섬광처럼 스치는 어떤 기억을 붙잡는다는 것을 뜻한다".

그는 『아케이드 프로젝트』에서 다음과 같이 쓰고 있다.

우리가 다루게 될 영역에서 인식은 오직 번개의 섬광처럼 이루어진다. 텍스트는 그런 후에 길게 이어지는 천둥소리 같다(2005, [N 1,1]).

현재에 서 있는 우리는 어떤 위험의 순간에 과거를 번뜩 기억해 내는데, 그것은 번개의 섬광처럼 떠오르는 것이다. 앞의 테제에서 언급했듯이 벤야민의 시간 개념은 "번개와 같은 섬광"이다. 이 섬광 같은 과거의 이미지를 그 순간에 붙들지 않는다면 영영 사라지고 만다. 그리고 그 순간을 기억하고 붙잡아서 "길게 이어지는 천둥소리"처럼 역사를 서술할 수 있어야 한다. 벤야민의 시간 개념과 역사 서술은 이렇게 맞닿아 있다. 역사적 유물론의 중요한 과제는 이 섬광 같은 이미지를 붙들고 서술하는 일이다.

2. 지배계급의 도구로 넘어갈 위험

위험의 순간에 과거를 섬광처럼 기억해 낸다고 하는데, 그러면 어떤 위험인가. 이러한 위험은 사회·정치적으로 당시 파시즘으로부터 억압받던 자들의 절박하고 절망적인 상황을 의미하는 것이기도 하다.

벤야민은 이 위험은 전통의 존속에도, 그리고 그 수용에도 나타나는 것인데, 그것은 "지배계급의 도구로 넘어갈 위험"이라고 한다. 전통의 전승을 제압하고 타협하려는 시도와 그것을 쟁취하려는 시도 사이에 투쟁이 일어난다. 만약에 이 투쟁에서 진다면, 과거는 "지배계급의 도구"로 쓰이게 될 위험에 처해 있는 것이다.

우리는 과거가 종종 지배계급의 도구로 쓰이곤 한다는 것을 긴 역사를 통해 경험하고 있다. 과거의 역사를 어떻게 해석하고 유포하는가에 따라 그 역사를 수용하는 태도도 달라지는데, 지배계급은 그러한 역사 해석의 주도권을 가지고 있는 경우가 많다. 그래서 지배계급에게 불리한 과거는 은폐되고 폐기되며, 유리한 과거는 확대해석되고 과장되어, 지배계급의 권력을 정당화하기 위해 사용되는 경우들을 보아 왔다. 국가와 국가 사이의 역사 해석도 이와 마찬가지이다. 우리는 제국주의 시대를, 그리고 전체주의 시대를 거쳐 왔다. 이러한 위험 앞에서 그 전승과 타협하는 자와 쟁취하려는 자 사이에 투쟁이 있다.

3. 역사적 유물론자는 '적^敵역사적 유물론자'를 극복하는 자

이러한 투쟁 사이에 메시아가 등장한다. 그 메시아는 구원자로서 오기도 하지만, 적그리스도를 극복하는 자로서도 온다. 적그리스도^{Antichrist}는 예수 그리스도와 그가 선포한 복음을 적대시하는 존재를 총체적으로 가리키는 말이다. 또는 다른 기독교 종파나 이교도, 기타 세력을 적그리스도라고 칭하기도 한다. 메시아는 이러한 적그리스도를 극복하는 자로서 온다. 여기에서 적그리스도란 파시즘을 의미하는 것이겠지만, 더 나아가 파시즘에 제대로 대처하지 못한 자들을 지칭하는 것일 수도 있다. 비유하자면, 역사적 유물론자는 '적역사적 유물론자'를 극복하는 자로서 온다라고 말할 수도 있을 것이다. 이것은 표면적으로 역사적 유물론자인 것처럼 보이지만 이단적인, 혹은 속류 역사적 유물론자일 수도 있겠다. 진정한 역사적 유물론자는 그러한 적역사적 유물론자를 극복하는 자로서 올 것이다.

"죽은 자들도 적이 승리한다면 그 적 앞에서 안전하지 못하다"는 것은 이 투쟁에서 죽었다고 하여 끝난 것이 아니라는 메시지이다. 죽은 자들은 죽은 이후에도 그들의 삶이 부정당하거나 묻힌 땅이 파헤쳐지거나 살아남은 자들이 위협받는 등 결코 안전하지 못한 '이후의 삶'을 살게 될 것이다.

벤야민은 이러한 점을 "투철하게 인식하고 있는 역사가에게만" 역사를 서술할 재능이 주어져 있다고 쓰고 있다. 즉, 역사적 유물론자는 이 전통의 전승과 관련된 헤게모니 투쟁에서 승리해야 함을 말하고 있다. "그리고 이 적은 승리하기를 멈추지 않았다"는 것은, 이 전통의 전승과 관련된 투쟁이 계속되고 있으며, 사실상 적이 매번 승리하고 있다는 것을 말하고 있다. 이 상황에서 죽어서도 안전하지 못하다는 투철한 인식을 하고 있는 역사가에게만 오로지 이 적을 마주할 희망이 있는 것이다.

벤야민은 각 시대(각 순간이 아님에 주의할 필요가 있다)마다 전승에 관한 투쟁이 일어남을 주장한다. 따라서 진정한 역사

유물론은 헤게모니 투쟁에서 적대자의 논술을 넘어서는 논리를 보여야 한다. 그것도 새로운 '시대'를 여는 성격의 것이어야 한다. 벤야민의 비판은 깊은 의미에서 이데올로기 비판과 연결될 전승 비판의 맥락을 담고 있다(서규환, 2009, 199).

각 시대의 전승을 이야기하고 있는 벤야민에게 이 전승은 길고 긴 역사 투쟁이다. 여기에서 메시아는 적그리스도를 극복하는 자로서 오듯이, 역사적 유물론자는 '적역사적 유물론자'의 역사 서술을 넘어서는 역사 서술의 논리가 필요하다는 것을 말하고 있는 것이다. 역사적 유물론자의 논리는 과거의 역사주의의 논리와는 결별한 '새로운 시대'를 여는 것이 되어야 하며, 그렇게 될 때 이 투쟁에서 승리할 수 있다.

테제 7

—

퓌스텔 드쿨랑주는 역사가에게, 만일 그가 지나간 어떤 시대를 추체험하고자 한다면 이후 역사의 진행에 관해 알고 있는 모든 것을 머리에서 떨쳐 버려야 할 거라고 제안한다. 역사적 유물론이 파기했던 방식을 이보다 더 잘 특징지을 수 없다. 그것은 감정이입의 방식이다. 그것의 원천은 순간적으로 스쳐 지나가는 진정한 역사적 상을 붙잡을 자신이 없는 마음의 나태함, 태만이다. 그 태만은 중세의 신학자들에게 슬픔의 근원으로 여겨졌다. 이 슬픔을 잘 알았던 플로베르는 "카르타고를 소생시키기 위해 얼마나 많은 슬픔이 필요했는지를 아는 사람은 별로 없을 것이다"라고 쓰고 있다. 이 슬픔의 본질은 사람들이 도대체 역사주의적 역사가는 누구에게 감정이입을 하는지 물음을 던져 보면 더욱 분명해진다. 대답은 두말할 나위 없이 승리자에게 감정이입을 한다는 것이다. 그런데 그때그때 지배하는 자들은 예전에 승리했던 자들의 후예들이다. 그에 따라 승리자에게 감정이입을 하는 일은 그때그때 지배하는 자들에게 도움을 준다. 이로써 역사적 유물론자는 충분히 알 수 있다. 오늘에 이르기까지 늘 승리를 거둔 사람은 오늘날 바닥에 누워 있는 자들을 짓밟고 가는 지배자들의 개선 행렬에 함께 동참하는 셈이다. 전리품은 통상적으로 늘 그래왔듯이 개선 행렬에 따라다닌다. 사람들은 그 전리품을 문화재라고 칭한다. 그 문화재들을 역사적 유물론자는 거리를 두고 바라보게 될 것이다. 왜냐하면 그 유물론자가 문화재들에서 개관하는 것은 하나같이 그가 전율하지 않고서는 생각할 수 없는 곳에서 온 것들이기 때문이다. 그것들은 그것들을 만들어 낸 위대한 천재들의 노고뿐만 아니라 그 천재들과 함께 살았던 무명의 동시대인들의 노역에도 힘입고 있다. 동시에 야만의 기록이 아닌 문화의 기록이란 결코 없다. 그리고 문화의 기록 자체가 야만성에서 벗어날 수

없는 것처럼 그것이 한 사람에게서 다른 사람에게로 넘어간 전
승의 과정 역시 야만성을 벗어나지 못한다. 따라서 역사적 유
물론자는 가능한 한도 내에서 그러한 전승에서 비켜선다. 그는
결을 거슬러 역사를 솔질하는 것을 자신의 과제로 본다.

◇◇◇◇◇◇◇

1. 역사주의 서술 방법 비판

벤야민은 고대사와 중세사를 연구한 프랑스 역사가인 퓌스
텔 드쿨랑주의 언급을 인용하면서, "지나간 어떤 시대를 추체
험하고자 한다면"이라고 쓰고 있는데, 추체험이란 남이 체험한
것을 마치 자기가 체험한 것처럼 느끼는 것을 말한다. 그러니
까 그는 지나간 어떤 시대를 마치 내가 체험한 것처럼 느끼고
자 한다면, "이후 역사의 진행에 관해 알고 있는 모든 것을 머리
에서 떨쳐 버려야 할 거라고" 말하는 것이다.

퓌스텔 드쿨랑주는 다음과 같은 역사학의 대원칙을 세웠

다. 완전하고 공평한 방법적 조사를 기도할 것, 극도의 엄격성을 가지고 원전을 검사하고 비판할 것, 거기에 아무것도 덧붙이지 말고, 단지 참고자료로부터 그것이 포함하고 있는 것을 끌어내기만 할 것. 그는 이렇게 말하고 있었다. '하루의 종합에는 수년간의 분석이 필요하다.' 뿐만 아니라 종합은 언제나 그의 목적이었다. 퓌스텔의 모든 저서는, 심지어 특수 개별 연구마저도, 무한히 세심하게 준비한 강력한 구조물이다(랑송, 2003, 202-203. 강조는 인용자).

퓌스텔 드쿨랑주의 역사 서술 방법론은 매우 완전하고 엄격하게 과거의 모든 원전을 검사하고, 거기에 아무것도 덧붙이지 말고, 참고자료에 포함된 것을 끌어내기만 하면 되는 것이다. "하루의 종합에는 수년간의 분석이 필요하다"는 말은 그가 사료 하나하나를 얼마나 세심하게 파고들었는지를 보여 준다. 이러한 역사 서술은 사료들로 세운 "강력한 구조물"이다. 이것은 과거에 관한 문헌과 참고자료가 과거의 역사를 그대로 담보하고 있다고 믿는 역사주의적 서술 방법이다. 그래서 과거를 추체험하고자 한다면, 이미 그 과거를 지나고 살아온 지금까지의 모든 것들을 머리에서 지우고, 과거 그 자체에 서서 바라봐야 한다는 것이다. 그러면 과거의 문헌과 참고자료가 그 과거를 이야기해 줄 것이라고 믿는 것이다. 그러나 이것은 역사적 유물론자들에게 요청되는 '현재'의 경험에 기반한 역사적 관점이 아니다.

2. 승자에게 감정이입하는 역사 서술 비판

인습적인 역사 기술 그리고 '찬양'과 대결하려면 감정이입 (프란츠 그릴파르처, 퓌스텔 드쿨랑주)에 대한 논박을 토대로 삼을 것(2005, [N 10, 4]).

벤야민은 퓌스텔 드쿨랑주의 관점은 역사적 유물론이 파기했던 방식이며, 그것은 감정이입의 방식이라고 비판한다. 역사주의와 같은 인습적인 역사 기술과 대결하려면 감정이입에 대한 논박을 토대로 삼으라고 주문하고 있다.

실제로 역사 기술은 안이하게 태곳적부터 역사의 연속적

흐름에서 대상을 골라내는 방법을 사용해 왔다. 그러나 거기에 원칙 같은 것이 있을 리 없었고, 궁여지책에 불과한 것이었다. 그리고 언제나 대상을 감정이입을 통해 새롭게 만들어 낸 연속성 속에 편입시키려는 생각뿐이었다. 이에 반해 유물론적 역사 기술은 대상을 무작위적으로 선택하지 않는다. 대상을 붙잡는 것이 아니라 흐름에서 떼어 낸다. 준비 작업도 훨씬 폭넓게 이루어지고, 사건은 훨씬 더 본질적인 것이다(2005, [N 10a, 1]).

이처럼 역사주의적 역사 기술은 감정이입을 통해 만들어 낸 연속성이다. 그것을 벤야민은 유물론적 역사 서술과 대조하며 설명한다. 즉, 감정이입이 아니라, 그것에서 "떼어 내어" 바라볼 때, 역사적 사건은 더 본질적인 것이 된다.

벤야민은 테제 7에서 역사주의적 감정이입의 방식, "그것의 원천은 순간적으로 스쳐 지나가는 진정한 역사적 상을 붙잡을 자신이 없는 마음의 나태함, 태만acedia"에서 비롯된다고 쓴다.[12] 감정이입의 원천인 "태만", 즉 아케디아는 멜랑콜리를 의미하는 라틴어이다.[13] 벤야민의『독일 비애극의 원천』에 의하면, 태

만은 인간의 행동에서 일체의 가치를 박탈하는 전능한 숙명에
서 느끼는 멜랑콜리한 감정이다. 그 결과 태만은 기존 사물의
질서에 전적으로 복종하도록 이끈다. 심원하고도 멜랑콜리한
명상인 태만은 권력자들의 행렬의 장중한 위엄에 끌린다(뢰비,
2017, 99).

현재의 우리에게는 과거의 이미지가 '휙' 스쳐 지나가는데,
그 진정한 역사적 이미지를 붙잡을 자신이 없는 역사가는 나태
함과 태만으로 일관하는 자이다. 그 태만은 슬픔의 근원이 된
다. 벤야민은 이 슬픔을 이야기하기 위해, 플로베르의 카르타
고에 대한 슬픔을 인용한다. 귀스타브 플로베르는 소설『살람
보』를 집필하며 고대 카르타고를 철저히 고증하지만, 이미 사
라진 세계를 완벽하게 되살리려는 집착은 그에게 거대한 "슬
픔"을 안겨 준다. 그에게 역사 재현은 살아 있는 현재와의 대화

---

12 이에 대해서는 벤야민(2009a)의 232쪽을 참조할 것.
13 보통 아케디아는 나태, 멜랑콜리는 우울로 번역되는데, 아케디아는 중세 기독교
의 죄악 중 하나였다. 벤야민의『독일 비애극의 원천』에서 군주는 국가를 위한 중
요한 결정을 내려야 하는 절대적인 위치에 있지만, 세상을 허무하게 바라보는 아
케디아에 빠져 있어 정작 중요한 순간에 결단을 내리지 못한다. 이러한 아케디아
는 역사의 허무함이며 이는 멜랑콜리로 변모한다.

가 아니라, 죽은 과거를 박물관의 박제처럼 복원하는 작업이었기 때문이다. 벤야민은 이 플로베르의 슬픔을 역사주의자의 숙명적 우울로 규정한다. 과거의 승리자들이 남긴 유물에만 감정이입을 하는 자는 필연적으로 그 뒤에 짓밟힌 패배자들의 목소리를 망각하게 된다. 결국 이 슬픔의 실체는, 현재의 긴급한 과제를 외면한 채 박제된 과거 속에 주저앉아 버린 마음의 나태함Acedia인 것이다.

이 슬픔의 본질은 역사주의적 역사가가 "승리자에게 감정이입"하고 있기 때문이다. 벤야민은 수많은 역사 서술이 승리자의 관점에서 기록되고 해석되었다는 것을 비판하고 있다. 예를 들면, 벤야민은 「1900년경 베를린의 유년시절」의 '전승기념탑'에서 이렇게 쓰고 있기도 하다.

스당 전투가 끝난 후에 과연 무슨 일이 일어날 수 있었겠는가? 프랑스인들이 패배한 이후 세계사는 영광스러운 무덤 속으로 가라앉은 것처럼 보였으며 이 전승기념탑은 그 무덤 위에 세워진 돌로 된 묘비였다. 그리고 그 무덤으로 '개선로'가 뻗어 있었다(2007a, 48).

벤야민은 '전승기념탑'에서 "내가 어렸을 적에는 스당 전투를 기념하지 않는 해는 단 한 번도 상상할 수 없었다. 스당 전투가 끝난 후 남은 것은 오직 퍼레이드 뿐이었다"고 쓰면서 어린 시절에 퍼레이드를 보았던 경험을, 전승기념탑의 계단을 밟아보았던 기억을 기록하고 있다. 스당 전투는 프랑스와 프로이센의 전투를 말하는데, 1870년 9월 2일 스당에서 프로이센이 프랑스를 이겼으며, 이를 기념하기 위해 1873년에 베를린 티어가

그림 8 베를린 전승기념탑
© CruiseTommy

르텐 공원에 전승기념탑이 세워진다. 이 탑은 총 67미터 높이에, 꼭대기 전망대에는 승리의 여신인 빅토리아상이 황금빛으로 세워져 있다. 그는 전투에서 진 프랑스는 무덤 속에 가라앉았으며, 그 무덤 위에 승리자의 기념탑이 세워진 것이라고 쓰고 있다. 사실상 이 전승기념탑이란, 패자들의 무덤 위에 세워진 "묘비"인 셈이다. 그리고 그 무덤으로 개선로가 뻗어 있다.

이처럼 역사는 승리자에 감정이입하여 과거를 '기념'한다. 그리고 사실상 "그때그때 지배하는 자들은 예전에 승리했던 자들의 후예들"이며, 이 감정이입은 이들이 권력을 유지하는 데 도움을 준다. 긴 역사 속에서 늘 지배자가 변화되어 왔으나, 사실상 그들은 승리자의 역사를 써 오고 칭송해 온 승리자들의 후예들이다. 오늘날 우리가 가만히 역사책을 들춰 본다면 대번 알 수 있다. 대부분의 역사는 승리한 국가와 승리한 영웅들의 입장에서 쓰여져 왔다는 것을.

3. 야만의 기록, 문화재

이 승리를 거둔 자들은 "오늘날 바닥에 누워 있는 자들을 짓밟고 가는 지배자들의 개선 행렬에 함께 동참하는” 자들이다. 지배자들은 전쟁에서 이기고 패자들을, 희생자들을 짓밟고 개선 행진을 한다. 이 개선 행렬에는 당연히 전쟁의 승리를 상징하는 전리품도 뒤따른다. “사람들은 그 전리품을 문화재라고 칭한다.”

오늘날 우리는 문화재라고 칭하는 것들을 박물관에서, 미술관에서, 역사관에서, 전시관에서 감상하고 바라볼 수 있다. 어쩌면 찬란한 문화를 꽃피웠다는 설명까지 첨부된 문화재를 감상하게 될 터이다. 더구나 이 문화재라는 것들은 그것을 만든 “위대한 천재들의 노고”가 담긴 것이며, “그 천재와 함께 살았던 무명의 동시대인들의 노역”이 있었기에 탄생한 것이다. 이러한 무명인들의 노역이 없었더라면 문화란 존재할 수 없다. 그런데 우리는 이러한 천재들의 노고도, 무명인들의 노역도 잊고, 문화재를 승리자의 전리품으로 기억하며 감상하고 있는 것이다. 그런 점에서 “야만의 기록이 아닌 문화의 기록이란 결코 없다”. 그리고 벤야민은 “야만(성)은 가치들의 보고라는 문화의 개념 그 자체 속에 내재되어 있다”(2005, IN 5a, 기)고 쓰고 있기도 하다. 이 문화의 기록이 야만성을 가진 것처럼, 문화가 전승되는 과정 역시 야만성을 벗어나지 못한다.

그런데 벤야민은 "그 문화재들을 역사적 유물론자는 거리를 두고 바라보게 될 것이다"라고 말한다. 왜냐하면 문화재라고 하는 것들이 사실은 "하나같이 그가 전율하지 않고서는 생각할 수 없는 곳에서 온 것들이기 때문"이다. 이 말은 '전승기념탑'의 "경악 없이는 볼 수 없는 그림들"이라는 표현에서도 확인할 수 있다.

그곳에 가면 사람들은 언제나 전승기념탑의 장식물이 어디서 유래한 것인지를 설명해 주었다. 그러나 나는 장식품에 속하는 대포들이 도대체 어떤 의미를 지니는지를 완전히 파악하지는 못했다. 프랑스인들은 황금으로 만든 대포를 가지고 전쟁을 한 것인지, 아니면 우리가 그들에게서 빼앗은 금을 주조해서 비로소 대포를 만든 것인지를 알 수 없었다. 그것은 한 번도 끝까지 읽은 적이 없기 때문에 내 마음을 무겁게 누르는 스당 전투 연대기 책과 같았다. 내가 갖고 있던 그 책은 삽화가 실린 호화 장정본이었다. 그 연대기는 나의 관심을 끌었기 때문에 나는 거기에 실린 전투의 작전들을 잘 알고 있었다. 그러나 그 책의 금박에서 느끼는 나의 불쾌감은 컸다. 그러나 전승기념탑 아랫부분을 두르고 있는 주랑의 프레스코 연작에서 반사된 금빛도 그다지 온화한 인상을 주지는 않았다. 나는 뒷면에 반사된 은은한 햇빛으로 채워진 그 주랑에 한 번도 들어간 적이 없었다. 아마 단테의 『지옥』에 붙인 도레의 강판 판화처럼 **경악 없이는 볼 수 없는 그림들**을 접하게 될까봐 두려웠기 때문이었을 것이다. … 이 주랑은 전승기념탑 위에서 빛나는 승리의 여신상을 감도는 은총의 영역과는 정반대인 **지옥**인 셈이었다(2007a, 49-50, 강조는 인용자).

전승기념탑은 꼭대기의 빅토리아상과 주랑, 장식품 등이 황금색으로 만들어져 있다. 벤야민은 어린아이의 시각에서, 전승을 기념하는 장식물인 황금으로 만든 대포들은 "우리가 그들에게서 빼앗은 금을 주조해서 비로소 대포를 만든 것인지 알 수 없었다"고 쓰고 있다. 반짝이는 황금 대포는 패자의 땅에서 약탈해 온 것들이며, 이러한 전리품은 심지어 그들을 짓밟고 자랑스럽게 가져온 것들이기 때문에, 전율하지 않고는, 경악하지 않고는 볼 수 없는 것들이다. 그래서 승리자를 기념하는 것들은 황금빛으로 빛나지만, 왠지 모르게 "불쾌감"을 주거나, "온화한 인상을 주지는 않았"으며, 승리의 여신상과는 정반대로 단테의『지옥』에 그려진 판화와 같이 "지옥"의 이미지를 가지고 있는 것으로 다가온다.

그래서 벤야민은 야만의 기록인 문화의 기록과 그러한 문화의 전승 앞에서, "역사적 유물론자는 가능한 한도 내에서 그러한 전승에서 비켜선다. 그는 결을 거슬러 역사를 솔질하는 것을 자신의 과제로 본다"라고 쓴다. 진정한 역사적 유물론자라면 '문화재'에 내포된 야만성과 슬픔을 아는 자이며, 그러한 문화 전승에서 비켜선 역사 관점을 가진 자일 것이다. 따라서 그는 역사주의적 역사의 흐름이 대세라 할지라도 "오늘날 바닥에 누워 있는 자들을 짓밟고 가는 지배자들의 개선 행렬"에 편승하지 않고, 억압받는 자들의 편에 서서 역사의 결을 거슬러 솔질하는 것을 자신의 과제로 삼는다.

4. 재구성 vs 구성

벤야민은 『아케이드 프로젝트』에서 이러한 역사주의적 감정이입과 역사적 유물론자의 자세를 비교한다.

유물론적 역사가에게 중요한 것은 어떤 역사적 사태의 구성Konstruktion을 통상 '재구성Rekonstruktion'이라고 부르는 것과 가능하면 최대한 엄밀하게 구분하는 것이다. 감정이입이라는 형태를 취하는 '재구성'은 단층적이다. '구성'은 '파괴'를 전제한다(2005, [N 7, 6]).

역사주의를 감정이입이라는 형태를 취하는 역사의 '재구성'이라고 한다면, 역사적 유물론은 역사를 새로 '구성'하는 것이라 할 수 있다. 이 둘의 차이는 아마도 어렸을 때 레고나 블록을 해 봤다면 쉽게 이해할 수 있을 것이다. 멋진 레고 작품을 완성하고 나서 몇 개의 조각을 떼어 내어 다른 곳에 붙이거나 재구성하면서 변형을 시도할 수 있는데, 이것은 과거의 역사에 감정이입을 단층적으로 덧붙여 변형을 시도하는 역사주의적 재구성과 같다. 그러나 만약에 전혀 다른 레고 작품을 만들고 싶다면, 완성된 레고 작품을 과감하게, 총체적으로 부수는 '파괴'를 감행해야 한다. 그리고 전혀 다른, 새로운 구성을 시도해야 한다. 이것이 바로 유물론적 역사가들의 시도와 같다.

5. 비탄의 소리, 어둠과 혹한을 기억하라.

벤야민이 테제 7에서, "비탄의 소리가 울려 퍼지는 이 골짜기의 / 어둠과 혹한을 생각하라"라는 브레히트의 말을 인용하며 시작하고 있는 이유를 이제 우리는 이해하게 된다.

현재화의 거짓 생동성은 역사에서 나오는 '비탄'의 메아리를 모두 제거하는 일이며 그것은 현대적 개념의 역사 아래에 역사를 궁극적으로 종속시킴을 가리킨다(2009b, 354).

벤야민은 역사에서 나오는 비탄의 메아리를 제거하면 현대적 개념의 역사 아래에 역사를 종속시키게 된다고 보고 있다. 그는 패자가 울부짖는 비탄의 소리에 귀 기울일 것을, 그들의 어둠과 혹한을 기억할 것을 요청한다. 이를 위해서는 레고 조각 하나를 떼어다 붙여 역사를 재구성하는 나태와 태만에서 벗어나 전체 레고를 다 부수고 역사를 다시 구성해야 하며, 그 결을 거슬러 부드러운 솔로 솔질하며 역사를 발굴하고 만나려는 고고학자가 되어야 한다.

테제 8

—

억압받는 자들의 전통은 우리가 그 속에서 살고 있는 '비상사태^{Aus-nahmezustand}'가 상례임을 가르쳐 준다. 우리는 이에 상응하는 역사의 개념에 도달하지 않으면 안 된다. 그렇게 되면 진정한 비상사태를 도래시키는 것이 우리의 과제로 떠오를 것이다. 그리고 그로써 파시즘에 대항한 투쟁에서 우리의 입지가 개선될 것이다. 파시즘이 승산이 있는 이유는 무엇보다 그 적들이 역사적 규범으로서의 진보의 이름으로 그 파시즘에 대처하기 때문이다. 우리가 체험하는 것들이 20세기에노 '여전히' 가능하다는 데 대한 놀라움은 **전혀** 철학적인 놀라움이 아니다.

그 놀라움은 그 놀라움이 연원한 역사 관념이 지탱될 수 없다
는 인식의 출발점에 있는 것이 아니다.

◇◇◇◇◇◇◇

1. 비상사태(예외상태)

앞선 테제 7을 통해서 패자 혹은 피지배자의 비탄을 보았
기에, 우리는 "억압받는 자들의 전통"이 무엇인지 짐작할 수 있
다. 그것이 억압받는 자들의 입장에서는 우리가 살고 있는 이
상황이 "비상사태(예외상태)"가 아니라 "상례"임을 깨닫게 한다
고 벤야민은 예리하게 지적하고 있다.

여기에서는 "비상사태(예외상태)"라는 용어에 주목해야 한
다. 이것은 칼 슈미트의 주권론을 상기시키는 용어로, 칼 슈미
트, 조르조 아감벤 등의 예외상태에서 언급되는 중요한 테제이
기 때문이다. 특히 아감벤이『호모 사케르』,『예외상태』연작에
서 이를 인용하고 있어서 더더욱 주목받는 테제이다. 벤야민은
이 글에서 칼 슈미트를 직접 언급하고 있지는 않지만, 그의『정

치신학』에 대해 비판하고 있다. 칼 슈미트의 결단주의는 "주권
자란 예외상태를 결정Entscheiden하는 자이다"라는 명제에서 드
러난다(슈미트, 2010, 16).

현행 법질서에 규정되지 않은 사례인 예외사례는 기껏해야
극도로 긴급한 사례라거나 국가의 존립이 위험에 처했다거
나 하는 식으로 규정될 뿐, 실제 사태에 맞게 규정될 수는
없다. 그런데 무엇보다도 이런 사례야말로 누가 주권의 주
체냐는 물음을 시급한 것으로 만든다. 그리고 이 물음이 바
로 주권 일반에 대한 물음인 것이다(슈미트, 2010, 17-18).

슈미트에게 예외상태란 전쟁, 내란, 혹은 국가의 존립이 위
험에 처한 예외적인 상황을 말하는 것이다. 그런데 사실상 국
가의 존립이 위험에 처한 상황이라는 규정은 법조문에 구체적
으로 일일이 기술할 수 없으며, 따라서 그 적용은 모호하다. 그
래서 슈미트는 지금의 이 상황이 예외상태라고 결정하는 자,
그가 바로 주권자라고 주장한다.

예외는 정상사례보다 흥미롭다. 정상적인 것은 아무것도 증명하지 않지만 예외는 모든 것을 증명한다. 예외가 규칙을 보증할 뿐 아니라, 규칙은 애당초 오로지 예외에 의해서만 존속한다(슈미트, 2010, 27).

칼 슈미트가 보기에 "예외는 정상사례보다 흥미롭다". 정상 상태에서는 일상적인 규칙, 규범이 적용되며 아무것도 증명하지 않지만, 예외상태가 되면 규칙이 무효화되고 누가 진정한 주권을 가졌느냐라는 긴급한 물음 앞에 '주권의 표식'이 드러나기 때문이다.

결정은 모든 규범적 구속으로부터 자유로워지고 고유한 의미에서 절대화된다. 예외사례에서 국가는 이른바 자기보존의 권리에 따라 법을 효력 정지시키는 것이다. '법-질서'라는 개념의 두 요소는 서로 대립하게 되며, 각각의 개념적 독립성을 표명한다. 따라서 정상사례에서 결정의 독립적 계기가 최대한 억제되는 것과 마찬가지로, 예외사례에서는 규범이 무화된다. 그럼에도 **규범**과 **결정**이라는 두 요소가

법학의 틀 내에 머물러 있기에 예외사례는 여전히 법학적
인식의 테두리 안에 남아 있다(슈미트, 2010, 24-25, 강조는 인
용자).

즉, 정상상태와 예외상태에는 규범과 결정이라는 두 요소가
작동한다. 정상상태에서는 일상적인 "규범"이 작동되면서 예외
상태와 같은 결정이 억제된다. 그러나 반대로 예외상태에서는
예외적인 상황이라는 "결정"이 작동되면서 일상적인 규범이 무
효화되는 것이다. 슈미트는 이러한 규범과 결정이라는 두 요소
가 법학의 틀 내에 머물러 있기 때문에, 예외상태도 법학적 테
두리에 남아 있다고 보고 있다. 예외상태가 법학의 틀 안에 있
는지, 밖에 있는지 등에 대해서는 여전히 여러 논쟁들이 있지
만, 예외상태의 결정·결단이 슈미트의 핵심적인 주장임에 틀림
없다.

이러한 예외상태는 민주주의의 정상상태에서 당연하다고
생각했던 인민주권을 단번에 무효화시키는 상황을 창출한다.
왜냐하면 칼 슈미트에 의하면, 예외상태를 결정하는 자기 주권
자가 되기 때문이다. 국가의 존립이 흔들리는 위기 상황에서

민주주의의 토대인 대화와 토론, 설득 그리고 다수결의 원칙을 적용하여 사안을 결정해야 한다는 주장은 매우 한가로운 소리가 되며, 그 순간에 이미 국가의 존립은 불가능해진다. 예외상태는 1인 주권자의 긴급한 결단이 필요한 순간인 것이다.

2. 상례가 된 예외상태, 이에 상응하는 역사의 개념

그런데 문제는 이 주권자는 예외상태라고 선언하는 자일 뿐만 아니라, 예외상태가 끝났다고 종결을 선언해야 하는 자이기도 하다. 즉, 이 주권자는 어쩌면 예외상태의 종결을 선언하지 않고 지속시킬 수도 있다. 그러면 이러한 법규범과 인민주권이 무효화된 예외상태가 영원히 지속될 수 있다는 위험성이 있다. 따라서 예외상태는 일상적인 일이 되며, 상례가 된다. 이것은 전체주의 혹은 독재의 지속을 의미하는 것이기도 하다. 혹은 벤야민식으로 말하자면 승자들의 지배가 계속되는 역사적 상황이기도 하다. 벤야민은 예외상태가 규칙(법칙)이 되어 버렸다고 말한다. 예외상태는 새로 당면한 위험처럼 보이지만, 사실 그러한 고통은 이미 우리 삶에서 "상례"가 되었다는 것이다.

억압받는 자들의 전통에서는 예외상태에서나 정상상태에서나 늘상 억압받기는 마찬가지인 것이다. 벤야민뿐만 아니라 프랑크푸르트학파의 마르쿠제도 『일차원적 인간』에서 이렇게 언급한다.

> 적은 영구히 존재하기 때문이다. 그것은 비상사태 속에 존재하는 것이 아니고 극히 정상적인 상태 속에 존재한다. 그것은 평상시에도 전시에도 (그리고 아마 전시보다는 평상시에) 위협을 준다. 이리하여 그것은 응집력으로 체제 속에 구축되는 것이다(마르쿠제, 1993, 73).

슈미트는 "국가의 개념은 정치적인 것을 전제로 한다"면서 "정치적인 행동이나 동기의 기인으로 생각되는 특수 정치적인 구별이란 **적과 동지**의 구별이다"라고 밝히고 있다(슈미트, 1992, 23; 31). 즉, 적과 동지의 구별이야말로 정치적인 결정인 것이다. 그런데 마르쿠제가 보기에 "적은 영구히 존재한다". 그것은 전쟁, 내란과 같이 적이 명확히 구분되는 비상사태에만 존재하는 것이 아니라는 의미이다. 적이란 전시와 같은 비상사태에서만 존재하는 것이 아니라 오히려 평상시에 더 위협적인 것이라고 말한다. 이 적은 영구히 존재하며, 따라서 "극히 정상적인 상태"일 때야말로 숨은 적이 꿈틀거리는 것이다.

벤야민은 이러할 때, "우리는 이에 상응하는 역사의 개념에 도달하지 않으면 안 된다"고 쓰고 있다. 사실상 슈미트가 말하는 예외상태에서의 주권론은 민주주의의 한계를 예리하게 드러내고 있다는 점에서 뼈아프다. 그런데 벤야민은 슈미트에 대하여, "이에 상응하는 역사의 개념"에 도달할 것을 근본적인 대안으로 제시한다. 예외상태를 정당화하는 논리, 전체주의나 독재의 논리, 승자들의 논리 앞에서, 그 무엇보다 역사철학이 중요하다고 말하고 있는 것이다. "그렇게 되면 진정한 비상사태를 도래시키는 것이 우리의 과제로 떠오를 것이다"라고 말한다. 여기에서 "진정한 비상사태"는, 슈미트가 말하고 있는 비상사태를 말하는 것이 아니다. 슈미트의 비상사태는 전쟁, 내란, 그 외 국가의 존립을 위협하는 비상사태이지만, 벤야민이 말하는 "진정한 비상사태"는 억압받는 자들의 전통에서 이미 일상화되고 상례가 된 비상사태를 진정으로 끝낼 수 있는 비상사태일 것이다. 우리의 과제는 이 "진정한 비상사태를 도래시키는

것”이다. 진정한 역사의 개념이 정립되지 않는다면, 우리는 상
례화된 비상사태를 정상상태라고 생각하고 지나칠 위험이 있
다. 이것이야말로 정말로 비상사태이며, 그 대표적인 것이 파
시즘이다.

3. “진보”의 이름으로는 파시즘 이길 수 없어

벤야민은 “파시즘이 승산이 있는 이유는 무엇보다 그 적들
이 역사적 규범으로서의 진보의 이름으로 그 파시즘에 대처하
기 때문이다”라고 지적한다. 즉, 일상화된 비상사태인 파시즘
이 여전히 승리하고 있는 이유는 파시즘에 대항하는 세력조차
도 “진보의 이름”을 내건 역사주의로 대처하고 있기 때문이다.
이러한 역사철학으로는 파시즘에 질 수밖에 없다는 뜻이다.

이처럼 “우리가 체험하는 것들이 20세기에도 ‘여전히’ 가능
하다는 데 대한 놀라움은 **전혀** 철학적인 놀라움이 아니다”. 이
문장은 “철학은 놀라움에서 시작한다”는 철학의 경이로움을 표
현하는 아리스토텔레스의 말을 암시하고 있다. 그리니 이성의
시대를 연 근대에 진입했는데도 이러한 파시즘이 여전히 가능

하다는 것은, 철학적 놀라움이 주는 경이로움이 **전혀** 아니다. 오히려 이 놀라움은 파시즘에 대처하려는 사람들이 오히려 파시즘을 잘 모른다는 것에 대한 놀라움, 역사주의가 말하는 진보의 이름으로 대처하고 있다는 것에 대한 놀라움이다. 우리는 여전히 철저한 역사적 유물론이라는 역사의 개념에 도달하지 못했다. 그러므로 파시즘과 같은 비상사태를 종결하기 위해서는 새로운 역사의 개념에 도달해야 한다는 벤야민의 목소리에 귀 기울여야 한다.

테제 9

—

> 내 날개는 날 준비가 되어 있고 나는 기꺼이 돌아가고 싶다.
> 왜냐하면 내가 평생 머문다 해도 행복하지 못할 것이기에.
>
> — 게르숌 숄렘, 「천사의 인사」

파울 클레^{Paul Klee}가 그린 〈새로운 천사^{Angelus Novus}〉라는 그림이 있다. 이 그림의 천사는 마치 자기가 응시하고 있는 어떤 것으로부터 금방이라도 멀어지려고 하는 것처럼 묘사되어 있다. 그 천사는 눈을 크게 뜨고 있고, 입은 벌어져 있으며 또 날개는 펼쳐져 있다. 역사의 천사도 바로 이렇게 보일 것임에 틀림없다. **우리들** 앞에서 일련의 사건들이 전개되고 있는 바로 그곳에서 그는, 잔해 위에 또 잔해를 쉼 없이 쌓이게 하고 또 이 잔해를 우리늘 발 앞에 내팽개치는 단 히니의 파국만을 본다. 천사는 머물고 싶어 하고 죽은 자들을 불러일으키고 또 산산이 부서진 것을 모아서 다시 결합하고 싶어 한다. 그러나 천국에서 폭풍이 불어오고 있고 이 폭풍은 그의 날개를 꼼짝달싹 못하게 할 정도로 세차게 불어오기 때문에 천사는 날개를 접을 수도 없다. 이 폭풍은, 그가 등을 돌리고 있는 미래 쪽을 향하여 간단없이 그를 떠밀고 있으며, 반면 그의 앞에 쌓이는 잔해의 더미는 하늘까지 치솟고 있다. 우리가 진보라고 일컫는 것은 바로 **이러한** 폭풍을 두고 하는 말이다.

◇◇◇◇◇◇

1. 파울 클레, 〈새로운 천사〉

벤야민의 이 테제 9는 역사철학에서 가장 많이 알려져 있고, 그만큼 다양한 맥락에서 인용되고 해석되어 왔다. 아마도 이 테제는 인류의 진보가 가져온 문명사의 비극, 나치즘, 파시즘과 같은 전체주의의 비극을 예고하고 있기 때문일 것이다.

먼저 이 그림, 파울 클레의 〈새로운 천사〉를 보자. 해석에 앞서, 이 그림을 보며 사람들은 어떤 생각을 할까? 고전적인 도상에서 보았던 천사의 이미지는 아니다, 피카소처럼 다각적인 시선이 겹쳐 있다, 머리가 크고 새 혹은 닭처럼 생긴 작은 날개와 다리가 있는데 과연 날 수 있는 것일까 의심스럽다, 무엇인가에 놀란 듯 휘둥그레 뜬 커다란 눈은 무언가를 응시하고 있다 등등의 생각들이 오갈 것이다.

벤야민은 이 그림을 1920년 직접 수집해서 친구인 게르숌 숄렘에게 잠시 맡기기도 했다. 숄렘이 1921년 7월 15일에 벤야민의 29세 생일을 축하하기 위해 써서 보내 준 「천사의 인사」라는 시를 이 테제 9 앞에 인용하고 있기도 하다. 클레의 〈새로운 천사〉를 어떻게 해석하느냐에 따라, 숄렘과 아감벤의 해석 논쟁이 일어나기도 했다.[14] 그러나 여기에서는 벤야민이 이 천사를 어떻게 설명하느냐에 집중하고자 한다.

2. 머물고 싶은 천사

벤야민은 파울 클레의 〈새로운 천사〉라는 그림을 보면서,

---

14 이에 대해서는 서규환(2018)의 120-127쪽을 참조할 것.

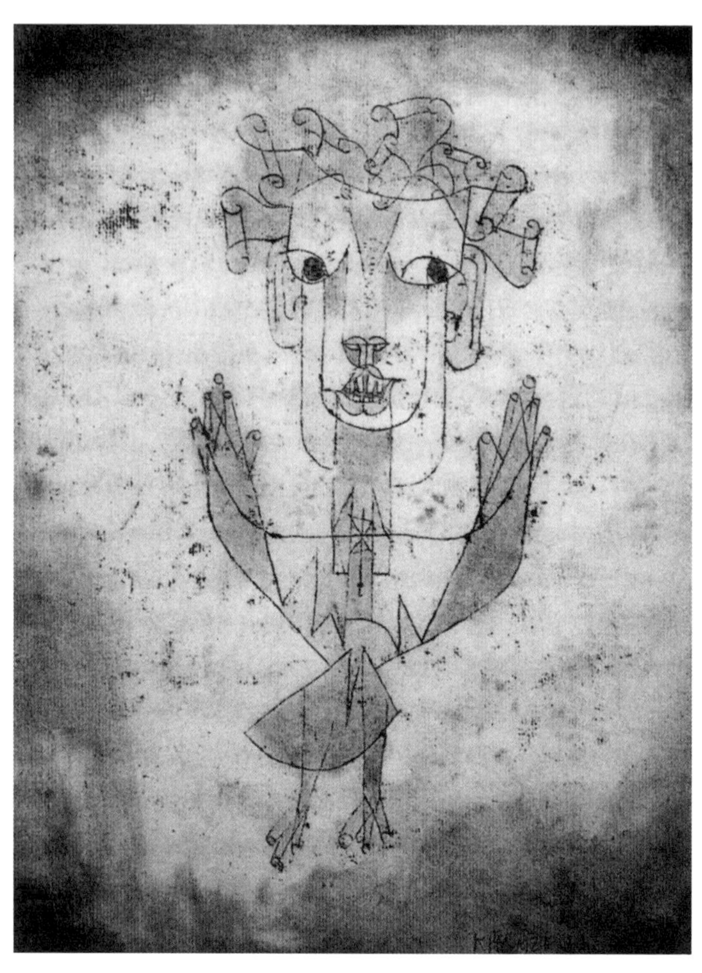

파울 클레, 〈새로운 천사〉, 1920

126

역사주의를 천사와 폭풍에 비유하여 비판한다. "우리들 앞에서 일련의 사건들이 전개되고 있는 바로 그곳에서 그는, 잔해 위에 또 잔해를 쉼 없이 쌓이게 하고 또 이 잔해를 우리들 발 앞에 내팽개치는 단 하나의 파국만을 본다"고 쓰고 있다. 여기에서 "우리들"이 강조되어 있다. 벤야민은 앞서 테제 2에서도 "우리"라고 쓰고 있듯이, 역사적 주체는 고독한 개인이 아니라 복수의 주체들이라는 것을 알 수 있다. 이 **우리들** 앞에 수많은 사건들이 전개되고 있고, 그곳에는 아직 해결하지 못한 잔해들이 쉼 없이 쌓이고 있으며, 그것은 파국으로 치닫고 있다. 이런 상황에서 "천사는 머물고 싶어 하고 죽은 자들을 불러일으키고 또 산산이 부서진 것을 모아서 다시 결합하고 싶어 한다". 즉, 천사는 여기 머물러 산산이 부서진 조각들을 모아서 다시 '구성'하고 싶고, 새로운 역사를 쓰고 싶어 한다.

우선, '머문다'라는 것은 무엇일까.

벤야민에게 머문다는 것은 '중단'을 의미하며, 끝없이 밀려드는 진보의 역사가, 야만의 역사가, 비탄의 역사가 중단되고, 역사가 다시 복원되어야 한다는 것을 의미한다. 이 머문다는 것을 개인사로 말하면 어쩌면 '일기 쓰기'와 같은 것이 아닐까.

일기 쓰기는 내 삶을 잠시 멈춰 세우고 과거를 되돌아보며 성찰하는 것이다. 우리가 앞으로 앞으로, 미래로 미래로, 혹은 경쟁으로 경쟁으로 나아가기만 할 것이 아니라, 잠시 '멈춰서서 되돌아보아야 한다'는 의미이다. 그래야 걸어온 길이 어떠했는지, 지금 가는 길이 옳은 길인지, 잘못된 방향은 아닌지 검토해볼 수 있고, 다시 새로운 방향을 잡을 수도 있다. 그러므로 벤야민의 역사관은, 개인사로 말하자면 이러한 일기 쓰기와 닮아 있다. 인류의 역사를, 진보로 나아간다고 믿고 있는 역사를 잠시 멈춰 세우고, 성찰하고, 망각에서 깨어나야 한다.

3. 산산이 부서진 것을 모아서 다시 결합하고 싶은 천사

천사는 이처럼 잠시 멈춰서 머물고 싶어 하고 잔해 더미 속에서 작은 부품들을 찾아내고 모아서 새로운 역사를 쓰고 싶어 한다. 여기에서 산산이 부서진 조각들은 폭풍이 불어와서 그냥 흩날리는 조각들을, 혹은 버려지는 조각들을 말하는 것이 아니다. 그 조각은 하나의 모나드이다. 앞서 역사의 '재구성'과 '구성'의 차이를 레고에 비유해서 설명했듯이, 거대하게 쌓인 레고 조각의 더미 앞에서, 정말로 필요한 레고 조각 하나하나를 찾아내고 모아서 새로운 역사를 구성하고 싶은 것이다. 마르크스의 역사 이해에 관한 벤야민의 글을 읽어 보자.

> 결국 역사유물론에서 인식되어야 할 중심적인 문제, 마르크스주의적 역사 이해는 무조건 역사의 시각성(구상성)을 희생시켜야만 비로소 획득될 수 있는 것일까? 아니면 어떤 방식으로 시각성을 높이는 것과 마르크스주의적 방법을 관철시키는 것을 결합시킬 수 있을까? 이러한 길로 나가기 위한 첫 번째 단계는 **몽타주 원리를 역사 속에 도입**하는 것이 될 수 있을 것이다. **즉 극히 작은, 극히 정밀하고 잘라서 조립할 수 있는 건축 부품들로 큰 건물을 세우는 것이다.** 실로 자그마한 개별적 계기들에 대한 분석을 통해 전체 사건의 결정체를 찾아내는 것이다. 따라서 역사에 대한 통속적 자연주의와 단절할 것. 역사의 구성을 그 자체로서 파악할 것. 논평의 구조로서(2005, [N 2, 6], 강조는 인용자).

벤야민은 『아케이드 프로젝트』에서 마르크스적 역사 이해를 어떤 시각성으로 결합시킬 수 있을 것인가에 대해 질문한다. 마르크스의 사상을 시각적으로 표현하려는 것은 '사유+이미지'를 결합하는 시도라고 할 수 있다. 그것은 마치 레고와 같이 "극히 작은 건축 부품들로 큰 건물을 세우는 것"처럼 "몽타주 원리를 역사 속에 도입하는 것"이다. 몽타주는 프랑스어 '조립하다Monter'에서 유래한 것으로, 각각 촬영된 장면들을 결합하여 새로운 의미를 만드는 영화편집 기법을 말한다. 그리고 미술에서 '포토몽타주'처럼 각각의 사진을 찢거나 오려 붙여서, 기존의 시공간과는 전혀 다른 새로운 이야기로 새로운 시공간을 창출하면서 작품을 만들어 내는 방식을 의미한다. "지금시간"에서 바라보는 역사란 새로운 시공간이자 새로운 이야기가 될 터이다.

벤야민은 몽타주의 원리를 아주 작은 부품들을 가지고 조립하여 큰 건물을 세우려는 건축적 비유로 설명한다. 역사는 작은 부품들처럼 개별적인 계기들이 있는데, 이것들은 큰 건물과 같은 전체 역사에 있어서 결정적인 부품인 것이다. 벤야민은 역사에 대한 통속적 자연주의와 결별하고, 역사의 구성을 그 자체로 파악할 것을 권고하고 있다. 자그마한 부품 조각은 역사를 설명하는 하나의 모나드가 될 것이다.

모나드는 라이프니츠가 세계의 본질을 설명하는 개념이다. 원래 모나드는 그리스어 모나스^{monas}에서 유래한 용어로 '하나', '단위' 그리고 '더 이상 나눠질 수 없음'을 의미한다. 라이프니츠는 세계를 구성하는 궁극적인 단위, 우주의 모든 원리가 담긴 소우주를 모나드라고 보았다. 이는 모나드 안에 우주 전체가 응축되었다는 의미이다. 벤야민은 이 '부분 안에 전체가 들어 있다'는 개념을 가져와서, 역사의 작은 파편, 조각들에 역사 전체가 응축되었다는 의미로 모나드를 사용한다. 즉, 역사의 결정체로서의 모나드, 역사의 축소판으로서의 모나드인 것이다.

이처럼 "극히 작은, 극히 정밀하고 잘라서 조립할 수 있는 건축 부품들"은 하나의 모나드이며, 그 안에는 "전체 사건의 결정체"를 담고 있다. 재발견된 각각의 요소들은 내부에 총체성을 포함하고 있는 모나드적 성격을 지니며 새로운 몽타주의 소재가 된다. 어쩌면 그 조각 하나가 역사의 총체성을 드러낼 수 있다. 그 자체가 하나의 논평의 구조가 될 것이다.

이 작업에서는 인용 부호 없이 인용하는 기술을 최고도로 발전시켜야 한다. 그와 관련된 이론은 몽타주 이론과 극히 밀접하게 연관되어 있다(2005, [N 1, 10]).

벤야민의 몽타주 원리는 "인용 부호 없이 인용하는" 몽타주적 글쓰기로 나아간다. 무언가를 쓸 때 여러 자료를 오려 붙여 인용하듯이, 몽타주의 원리로 역사를 구성할 것을 말하는 것이다. 그런데 이것은 단순한 '붙여 넣기'가 아니다. 기존의 맥락이 가지고 있는 의미에서 완전히 탈각하듯이 '떼어 내어', 전혀 새로운 맥락으로 인용하는 것을 의미한다. 그래서 이것은 인용 부호 없이 인용하는 것이다. 지금 이 천사는 산산이 부서진 조각들을 모아서 몽타주하듯 역사를 구성하고 싶어 한다.

4. 거센 폭풍

그런데 "천국에서는 폭풍이 불어오고", 폭풍은 너무 세차게 불어서 날개를 움직일 수도 없으며, "미래 쪽을 향하여 간단없이 그를 떠밀고", 잔해 더미는 하늘까지 치솟고 있다. 천사는 잔해 더미를 놀란 눈으로 바라보며 부서진 조각들을 새로 구성하고 싶어 하는데, 그럴 수 있는 겨를이 없어 당황한다. 그저 거센 폭풍에 밀려 미래로 미래로 떠밀려 나아가고만 있다. "우리가 진보라고 일컫는 것은 바로 이러한 폭풍을 두고 하는 말이다."

역사주의에서는 이 "진보"라는 거센 폭풍이 불어와, 우리는 '머물지' 못하고 미래로 나아가야만 할 운명이다. 역사주의는 시간이 갈수록, 미래로 나아갈수록 더 나은 내일이 기다리고 있으리라 기대하고 있으므로, 과거나 현재에 머물러 있다는 것은 시간 낭비, 심지어는 퇴보로 여겨질 것이다. 이런 상태에서는 현재의 관점에서 과거를 성찰할 겨를이 없으며, 지금 가고 있는 미래가 옳은 길인지 성찰하고 판단할 겨를조차 없이, 그냥 떠밀려 가는 것이다. 이 거센 폭풍에 떠밀려 가는 천사를 읽으면, 앤서니 기든스Anthony Giddens의 "크리슈나의 수레juggernaut"15가 떠오른다. 기든스는 『포스트 모더니티』에서 근대

---

15 이 용어는 힌두교의 Jagannath, 즉 '세계의 군주'라는 말에서 유래되었으며, 크리슈나의 신상을 의미한다. 매년 이 신상을 모신 대형 수레가 거리를 질주하면 그 추종자들은 자신들을 수레 밑으로 던져서 바퀴에 깔리도록 되어 있다(기든스, 1991, 146 각주 재인용).

성의 현상학을 이 수레에 비유하여 설명한다.

이 수레는 막대한 힘을 가진 폭주 차량이며, 인간 집합체로
서의 우리가 어느 정도까지는 운전할 수 있지만 동시에 우
리의 통제 한계를 벗어나서 질주할 위험성이 있으며 따라서 산
산조각이 날 수도 있다. 크리슈나의 수레는 방해물을 뭉개
버린다. 그리고 때때로 안정된 행로를 달리는 것처럼 보이
지만, 우리가 예견할 수 없는 엉뚱한 방향으로 빗나갈 경우
도 있다. 물론 그 탑승이 결코 전적으로 불쾌하거나 보답이
없는 것만은 아니다. 때로는 상쾌하고 희망적인 기대가 부
여될 수도 있다. 그러나 근대 제도가 지속되는 한 우리는
결코 그 행로나 속도를 완벽하게 통제할 수 없다. 따라서
우리는 결코 전적으로 안전하다는 느낌을 가질 수 없는데
왜냐하면 크리슈나의 수레가 질주하는 행로에는 엄청난 결
과를 가져올 위험이 따르기 때문이다. 그러므로 존재론적
안전감과 실존적 불안은 상충적으로 공존할 것이다. … 근
대성에 대한 경험을 파악하려는 어떤 시도도 반드시 이러
한 관점에서 출발해야 하며, 이 관점은 근대 제도의 시간-

공간 구성에서도 설명되듯이 결국은 시간과 공간의 변증법으로부터 유래한다(기든스, 1991, 146, 강조는 인용자).

이 크리슈나의 수레는 브레이크가 고장난 채로 달리고 있다. 어쩌면 운 좋게 제대로 된 행로를 달릴 수 있을지도 모르지만, 어느 순간 경사진 곳을 내달리다가 도무지 멈출 수가 없다는 것을 알게 될 것이다. 수레는 점점 가속이 붙은 채로 앞으로 앞으로 나아가다가 결국 파국을 맞이할 것이다. 기든스는 우리의 근대성의 결과가 이러한 가속된 시간과 공간의 충위에 있으며, 이것은 존재론적, 실존적 불안과 공존할 것이라고 예측하고 있다. 근대성의 가속된 시간은 빠르게 빠르게 내달리며 발전해야 할 것만 같은 진보적 역사관과 닮아 있다. 어쩌면 파울 클레의 〈새로운 천사〉의 휘둥그레 놀라는 눈은 크리슈나의 수레와 같은 파국을 보고 있는지도 모른다. 벤야민은 마르크스의 혁명 개념인 "세계사의 기관차"를 브레이크가 고장난 수레처럼 달려 나가는 기차로 인식한 것 같다.[16]

마르크스는 혁명이 세계사의 기관차라고 말했다. 그러나

어쩌면 사정은 그와는 아주 다를지 모른다. 아마 혁명은 이 기차를 타고 여행하는 사람들이 잡아당기는 비상 브레이크일 것이다(2009b, 365).

그러나 벤야민이 보기에 혁명은 맹렬히 달려가는 "세계사의 기관차"라기보다는, 그 기관차의 비상 브레이크를 잡아당겨 멈춰 세우는 일이다. 이에 대하여 키트슈타이너^{Heinz Dieter Kittsteiner}는 벤야민을 비판하면서, "여기 기차가 있다. 그러나 비상 브레이크는 어디 있는 것인가? 그리고 누가 거기에 손이 닿을 만큼 긴 손을 가지고 있으며 그것을 잡아당길 힘을 지니고 있는가?"라고 묻기도 했다(김유동, 2006, 432 재인용). 그러나 벤야민식으로 말하자면, 비상 브레이크를 잡아당기는 것은 '크고 긴 손', '거대한 힘'이 필요한 일이라기보다는, 어쩌면 약간의 교정이 필요한 일일 것이다. 다시 벤야민의 「프란츠 카프카」를 보자.

위대한 랍비는 언젠가 메시아가 힘에 의해 세상을 변화시

---

16 벤야민은 마르크스의 「1848년에서 1850년까지 프랑스 계급투쟁」을 참조하고 있다.

키길 바라지 않고 다만 그 속에 약간의 교정만을 하려 한다
고 말했다(1994, 162).

이 약간의 교정, 그것이 "**약한** 메시아적 힘"(ㅇㅑㄱㅎㅏㄴ 메시아
적 힘)이 아닐까.

테제 10

—

수도원이 수사들에게 명상을 위해 지시하는 대상들은 세상과 세상사들로부터 그들을 떨어지게 하는 데 목적이 있다. 우리가 여기서 추적하고 있는 사유 과정도 이와 유사한 규정에서 나왔다. 이러한 사유 과정이 의도하는 바는, 파시즘의 반대자들이 기대를 걸었던 정치가들이 파시즘 앞에서 무릎을 꿇고 자신의 대의를 스스로 저버리고 있는 이 마당에, 정치적 관심을 가진 평범한 사람들을 그 정치가들이 씌워 놓은 그물망에서 풀려나도록 하는 데 있다. 이 교실은 이 정치가들의 진보에 대한 완고한 믿음, 그들의 '대중 기반'에 대한 믿음, 그리고 통제 불가능한 기구에 노예처럼 종속되어 있는 모습이 동일한 사안의 세 양상이었다는 데서 출발한다. 이 고찰은 이 정치가들이 계속 고수하는 역사 관념과의 어떤 공모 관계도 피하는 역사 관념을 갖기 위해서는 우리의 익숙한 사고가 얼마나 비싼 대가를 치러야 하는지를 보여 주고자 한다.

◇◇◇◇◇◇◇

1. 거리 두기

벤야민은 파시즘에 반대했던 사람들이 기대를 걸었던 정치가들이 있었는데, 그 정치가들이 "파시즘 앞에서 무릎을 꿇고 자신의 대의를 스스로 저버리고 있다"고 비판한다. 이 정치가는 누구인가. 벤야민은 명시적으로 드러내지는 않았지만, 이 글을 쓰는 직접적 동기가 되었던 독일-소련 불가침 조약을 생각했을 것이다.[17] 히틀러와 조약을 맺으며 "자신의 대의를 저버

---

17 독일-소련 불가침 조약은 1939년 8월 23일 제2차 세계대전이 시작되기 며칠 전 독

140

린” 공산주의자들, 그리고 이 조약을 정당화한 독일 공산당에 대한 비판이다.

수도원의 수사들이 명상하기 위해서는 세상과 세상사로부터의 거리 두기가 필요하다. 우리의 사유 과정도 이와 유사하다. 수도원의 수사들이 세상사와 거리 두기를 하듯이, 평범한 사람들은 그 정치가들이 씌워 놓은 그물망에서 풀려나 거리 두기를 해야 한다는 것이다. 세상사로부터 떨어져 거리 두기를 한다는 것은, 그 사안에서 멀어지거나 외면한다는 것이 아니라, 사안을 비판할 수 있을 만큼의 거리를 확보하는 것을 의미한다. 이 거리 두기의 개념은 브레히트의 용어이기도 하다. 브레히트는 우리가 연극이나 영화를 볼 때에 '거리 두기'를 해야 비평이 가능하다고 말한다. 주인공이나 어떤 인물에 너무 몰입하여 감정이입을 하면 그에 대한 비평이 불가능해지기 때문이다. 그와 마찬가지로, 평범한 우리는 세상사에 대해 거리 두기

일과 소련 사이에서 체결된 상호 불가침 조약이다. 이 조약에 중앙 유럽을 독일과 소련이 각각 분할하기로 하는 비밀 의정서가 포함되어 있었다. 그리고 1939년 9월 1일에 독일이 폴란드를 공격하며 제2차세계대전이 시작되었다.

를 해야 정치인들이 씌워 놓은 그물망에서 벗어나 비판적 시선
으로 세상을 바라볼 수 있다.

2. 진보에 대한 믿음

벤야민은 이러한 정치가들이 잘못된 역사관을 가지고 있기
에 "파시즘 앞에서 무릎을 꿇고 자신의 대의를 스스로 저버"렸
다고 보았다. 그 양상들은 ① 진보에 대한 완고한 믿음, ② 그들
의 '대중 기반'에 대한 믿음, ③ 통제 불가능한 기구에 노예처럼
종속되어 있는 모습으로 나타난다.

인류는 신을 중심으로 하는 길고 긴 중세를 거쳐, 근대로 진
입하면서 인간의 이성을 중심으로 하는 새로운 세계를 열었다.
이성은 합리적 사유를 가능하게 했고, 합리적 사회에 대한 믿
음을 전제로 했다. 인류는 과학, 기술, 경제 등 이성과 합리성
에 기반하여 진보할 것이라는 확고한 믿음을 가지고 있었다.
그러나 이 이성이 제대로 작동하지 못하여 우리의 사유가 축소
되고, 오히려 비합리성이 증대되고 있다는 것을 인류의 역사는
보여 주고 있다. 아도르노는 『계몽의 변증법』의 서문에서 "왜

인류는 진정한 인간적인 상태에 들어서기보다 새로운 종류의 야만 상태에 빠졌는가"라고 문제를 제기한다(아도르노, 1996, 15). 인류는 근대에 진입하면서 진정한 인간적인 상태, 즉 인류가 해방되는 상태가 올 것이라 기대했는데, 사실상 인류의 역사는 파시즘, 나치즘과 같은 전체주의를 겪으며 인간이 인간을 지배하고 학살하는 '새로운 종류의 야만'에 빠졌다고 강하게 비판하고 있다. 아도르노는 이 책에서 유럽 문명사를 조망하면서 문명사적 억압의 기원과 그 동태적 전개에 주목하고 있는데, 사회비판이론의 열쇠는 객체화된 사유로 축소된 '합리성'이라고 본다.

> 진보하는 사유의 가장 포괄적 의미에서의 계몽은 예로부터 인간에게서 공포를 몰아내고 인간을 주인으로 세운다는 목표를 추구해 왔다. 그러나 완전히 계몽된 지구에는 재앙만이 승리를 구가하고 있다(아도르노, 1996, 23).

아도르노는 "진보하는 사유"는 "인간을 주인으로 세운나"는 목표를 가지고 있었으나, 인류는 재앙을 맞이하고 있다는 어둡고 비관적인 전망을 하고 있다. 진보에 대한 믿음은 전체주의 시대에도 의문이었지만, 오늘날에도 여전히 의문시된다. 오늘날에도 우리는 발전하고 있다는 진보적 사유를 하고 있지만, 자연과 인간에 대한 지배는 보이는 곳에서 혹은 보이지 않는 곳에서 계속 진행되고 있으며, 원인을 알 수 없는 전염병의 등장, 동물의 멸종, 환경오염과 기후 위기 등 수많은 문제들이 인류의 진보에 의문을 제기하고 있기 때문이다.

벤야민은 이러한 진보의 문제를 들여다보지 못한 채로, 진보적 역사주의는 여전히 진보에 대한 확고한 믿음, 그들의 대중에 기반해 있다는 믿음, 그리고 통제 불가능한 기구에 노예처럼 종속된 상태라고 비판한다.

3. 익숙한 사고, 비싼 대가를 치러야

지금도 우리는 이러한 '진보하는 사유'를 하는 정치가들에게 많은 기대를 걸고 있는지 모른다. 그들이 인류의 발전을 가져오는 진정한 진보를 이루어 주기를, 인류의 해방과 자유에 관심가져 주기를, 인류의 보편적인 삶을 들여다봐 주기를, 정의로운 세계를 열어 주기를, 자연과 인간이 더불어 사는 사회를 만들어 주기를. 그러나 그들이 어떤 권위 앞에, 기득권 앞에 무릎을 꿇고 자신의 대의를 스스로 저버리고 있는 것은 아닌지 들여다보아야 한다. 그들이 씌워 놓은 잘못된 역사관에 근거한 그물망에 우리가 갇혀 있는 것은 아닌지 비판적으로 성찰해 볼 수 있도록 거리 두기가 필요하다.

벤야민은 역사주의에 근거한 우리의 익숙한 사고가 얼마나 비싼 대가를 치러야 하는지를 알아야 한다고 경고한다. 인류의 문명사는 파시즘이라는 값비싼 대가를 치루어 왔고, 앞으로도 어떤 대가를 요구받을지 모른다.

테제 11

처음부터 사회민주주의가 길들어 있던 타협주의는 그들의 정치적 전술뿐만 아니라 그들의 경제적 관념들에서도 찾아볼 수 있다. 그 타협주의가 이후의 붕괴를 가져온 원인이다. **자신들이** 시대의 물결을 타고 간다는 견해만큼 독일 노동자 계급을 타락시킨 것은 없다. 기술의 발전이 그 계급에게는 그 계급이 타고 간다고 생각하는 흐름의 낙차로 여겨졌다. 여기서부터, 기술의 진보 과정 속에 있는 공장 노동이 정치적 업적을 나타낸다고 생각하는 환상에 이르는 것은 단 한 걸음이면 족하다. 해묵은 프로테스탄트적 노동윤리가 세속화된 형태로 독일 노동자들에게서 부활을 맞았던 것이다. 고타강령에 이미 이러한 혼란의 흔적이 담겨 있다. 그 강령은 노동을 "모든 부와 모든 문화의 원천"으로 정의한다. 여기서 불길한 징조를 보던 마르크스는 그에 응수하여 자신의 노동력 이외에 아무것도 갖고 있지 않은 사람은 "소유주가 … 된 다른 사람들의 노예가 될 수밖에 없다"고 했다. 그럼에도 불구하고 혼란은 더 확산되어, 요제프 디츠겐은 곧이어 이렇게 선언한다. "노동은 새 시대의 구세주를 뜻한다. … 노동이 … 개선되면 … 지금까지 어떤 구원자도 성취하지 못한 것을 성취할 부가 생겨날 것이다." 노동의 본질에 대한 이처럼 속류 마르크스주의적인 개념은 노동자들이 노동의 산물을 이용할 수 없는 한 그 산물이 그들 스스로에게 어떤 효과를 가져올 것인가의 물음을 오랫동안 숙고하지 않는다. 그러한 노동 개념은 자연 지배의 진보만을 보고 사회의 퇴보는 보려고 하지 않는다. 그러한 노동 개념은 나중에 파시즘에서 나타나게 될 기술주의적 특징들을 이미 보여 준다. 1848년 3월 혁명 이전 시대(1830-1848)의 사회주의적 유토피아들에서의 자연 개념에서 벗어나 불길한 조짐을 보이며 부각된 자연 개념이 그러한 특징들 가운데 하나다. 이런 식으로 이해된 노동은 이제 자연의 착취로 귀결되는데, 사람들은 소박하게 만족해하면서 프롤레타리아 계급의 착취에 그 자연의 착취를 대립시켰다. 이러한 실증주의적 구상과 비교해 볼 때 푸리에와 같은 사람을 조롱할 때 많은 소재를 제공했던 환상들은 놀랍게도 건강한 의미를 드러내 준다. 푸리에에 따르면 사회적 노동이 잘 짜여만 진다면, 네 개의 달이 지상의 밤을 밝혀 줄 것이고, 극지방의 빙하가 물러갈 것이며, 바닷물 맛이 짜지 않고, 맹수들은 사람들에게 봉사하게 될 거라고 했다. 이 모든 것은 자연을 착취하는 것과는 동떨어진 노동, 그 자연의 품속에 가능성으로 잠들어 있는 산물들을 출산시킬 능력이 있는 노동의 모습을 보여준다. 타락한 노동 개념에게는 그것의 상보물로서 디츠겐이 표현한 대로 "공짜로 주어진" 자연이 속한다.

◇◇◇◇◇◇◇

1. 사회민주주의의 타협주의 비판

벤야민은 테제 11부터 본격적으로 사회민주주의의 타협주의를 비판한다. 사회민주주의가 진보에 대한 신화적 믿음을 가지고 노동자 계급이 자동적으로 승리할 것이라는 환상에 빠져 파시즘을 저지하지 못했다고 보고 있기 때문이다.

이 테제 11에서 제기된 노동윤리의 세속화, 「고타강령비판」의 내용을 이해하기 위하여, 먼저 독일 사회민주당에 대해 살펴보자. 이 정당은 독일에서 가장 오래되고 규모가 큰 단일정당으로 대기업에 대한 규제와 동유럽과의 화해를 주요 강령으로 채택하고 있다. 1875년 라살Ferdinand Lassalle이 이끌던 전독일 노동자동맹과 마르크스주의자 리프크네히트Wilhelm Liebknecht가 지도하던 독일사회민주노동당을 통합하여 창당했다. 1880년대 비스마르크의 반사회주의법 등의 압력을 받아 혁명 정당에서 사회개혁적 정당으로 노선을 선회했으며, 1889년에는 제2인터내셔널의 창설을 돕기도 하였다. 제1차세계대전이 끝난 뒤에는 독일의 제1당으로서 온건한 개혁 노선을 취하면서 바이마르 공화국 정부에 참여하기도 하였으나, 1933년 나치에 의해 해체된다. 제2차세계대전 이후 부활하나 우경화되어 1959-1960년에는 마르크스주의와 계급투쟁을 포기하고, 노동자 정당이 아닌 국민의 정당으로 재정립하게 된다.

벤야민이 보기에 이러한 사회민주주의의 타협주의는 정치적 전술이자 경제적 관념이었으며, 결국 타협주의가 붕괴될 수밖에 없는 원인을 제공했다. 그런데 "**자신들이 시대의 물결을 타고 간다는 견해만큼 독일 노동자 계급을 타락시킨 것은 없다**"라고 쓰고 있듯이, 사회민주주의자들의 정치적, 경제적 타협이 시대의 물결을 타고 가는 것이라고, 기술적 진보라는 시대의 물결을 타고 가는 것이라고 생각하는 낙관적인 견해는 '환상'이라고 비판한다.

벤야민은 "해묵은 프로테스탄트적 노동윤리가 세속화된 형태로 독일 노동자들에게서 부활을 맞았던 것"이라고 비판하고 있다. 막스 베버의 프로테스탄트적 노동윤리는 프로테스탄티즘에서 신의 이름으로 강조했던 직업의 소명 의식이 자본주의 정신과 결합되었다는 '친화성'을 말하고 있다. 예를 들어, 종교개혁을 이끌었던 루터는 당시 라틴어로 쓰여진 『성경』을 일반 국민이 읽을 수 있는 독일어로 번역했는데, 그 가운데 '직업'을 'beruf'라고 번역한다. 이것은 영어로 calling, 즉 하나님의 부르심을 의미한다. 각자의 직업은 신에게서 부르심을 받은 소명임을 강조한 것이다.

'직업' 개념에는 모든 프로테스탄트 교파의 중심 교리가 표현되어 있다. 이 교리는 도덕적 계율을 '명령'과 '권고'로 나누는 가톨릭적 태도를 거부하고, 신을 기쁘게 하는 유일한 방법은 수도승적 금욕주의를 통해 현세적 도덕을 경시하는 것이 아니라 오직 현세적 의무를 완수하는 것이라 보았다. 이러한 현세적 의무는 각 개인의 사회적 지위에서 발생하는 것으로서 곧 그의 '직업'이 된다. … 세속적 의무의 이행은 모든 경우에 신을 기쁘게 하는 유일한 방법이며, 그것만이 신의 뜻이며, 따라서 허용된 모든 직업은 신 앞에서 단적으로 같은 가치를 갖는다는 것이다(베버, 1996, 60-61).

그래서 세속적으로 자신의 직업에 근면하고 성실하게 임하는 것, 직업적 의무를 충실히 이행하는 것이 신을 기쁘게 하는 유일한 길인 것이다. 이처럼 소명받은 노동에 대한 윤리적 강조와 종교적 보상이 강화되면서, 프로테스탄트적 윤리는 자본주의 정신과 결합되었다. 프로테스탄트 윤리의 기치 아래 자연스럽게 노동자들의 근면, 성실, 책임감 등은 신의 이름으로 당연한 것이 되었으며, 그것은 노동자를 고용한 자본가의 입장에서는 매우 유용했다. 이 노동윤리는 세속화된 형태로 독일 노동자들에게 다시 강조된다. 이러한 사회민주주의의 타협주의는 노동자들을 타락시켰으며, 노동자들은 시대의 물결을 타면서 기술의 진보를 이루고 있다는 환상 속에서 자신에게 주어진 노동윤리의 의무를 완수하고 있는 것이다.

2. 마르크스의 「고타강령비판」

이에 대하여 벤야민은 "고타강령에 이미 이런 혼란의 흔적이 담겨 있다"고 비판하면서 마르크스의 「고타강령비판」(1875 작성, 1891 출간)을 인용한다. 1875년 독일사회민주당 전당대회가 고타Gotha에서 열렸는데, 여기에서 채택된 강령을 '고타강령'이라 한다. 마르크스는 이 강령에 대한 비판을 사회민주당의 지도자들에게 보냈는데, 그 당시에는 이 내용이 강령에 반영되지도, 출간되지도 못했다. 마르크스 사후, 1891년에 일부 내용을 수정하여 출간하게 되었다. 여기에서는 벤야민의 테제 11을 이해하기 위하여 「고타강령비판」의 일부를, 다소 길지만 인용해 보겠다.

1) "노동은 모든 부와 모든 문화의 원천이다" 비판

1. 노동은 모든 부와 모든 문화의 원천이다. 그런데 유익한 노동은 오직 사회 속에서만, 또 사회를 통해서만 가능하므로, 노동의 소득은 온전히, 동등한 권리에 따라 사회의 모든 성원에게 속한다.

이 문단의 첫 번째 부분: "노동은 모든 부와 모든 문화의 원천이다."

노동은 모든 부의 **원천이 아니다.** 자연도 노동과 마찬가지로 사용가치의 원천이다. … 인간이 모든 노동수단과 노동대상의 첫 번째 원천인 자연에 대해 처음부터 그 소유자로서 관계를 맺는 한에서만, 즉 자연을 인간의 소유물로 취급하는 한에서만 인간의 노동은 사용가치의 원천이 되며, 따라서 부의 원천도 된다. 부르주아들이 노동에 초자연적인 창조력을 부여하는 것은 지극히 당연한 일이다. 왜냐하면 노동이 자연적인 제약을 받는다는 바로 그 점으로부터, 자

154

신의 노동력 외에는 다른 재산을 갖고 있지 못한 사람은 어떤 사회상태나 문화상태하에서도 상대적(물질적) 노동조건들을 소유하고 있는 다른 사람들의 노예가 되지 않을 수 없다는 결론이 나오기 때문이다. 그는 오직 그런 사람들의 허락이 있어야만 노동할 수 있으며, 따라서 그들의 허락이 있어야만 살 수 있는 셈이다.

…

"노동은 모든 부의 원천이므로, 사회 속의 그 어느 누구도 노동생산물을 통하지 않고서는 부를 얻을 수가 없다. 따라서 스스로 노동하지 않는 사람은 남의 노동에 의해 사는 것이며, 그의 문화 또한 남의 노동의 대가로 얻어지는 것이다"(마르크스, 1988, 166-167).

마르크스는 「고타강령비판」에서 1번 강령을 3개의 문장으로 나누어 매우 조목조목 비판하고 있다. 이 중 첫 번째 부분, 마르크스는 이에 대하여 분명하게 "노동은 모든 부의 원천이 아니다"라고 말하고 있다. "자연노 노동과 미찬가지로 사용가치의 원천"이기 때문이다. 인간은 자연에 대하여 그 소유자로

관계를 맺는 한에서만, 인간의 노동은 부의 원천이 되는 것이
다. 인간의 노동은 자연의 제약을 받는다는 그 점 때문에, "자
신의 노동력 외에는 다른 재산을 갖고 있지 못한 사람은 어떤
사회상태나 문화상태하에서도 상대적(물질적) 노동조건들을 소
유하고 있는 다른 사람들의 노예가 되지 않을 수 없다는 결론"이 나
온다.

강조한 부분이 벤야민이 테제 11에서 인용하고 있는 부분이
다. 즉, 자연으로부터 생산수단이나 물질적 조건들을 소유하고
있는 자가 아니라면, 노동자는 그것을 소유하고 있는 자들의 노
예가 될 수밖에 없다는 것이다. 그러면 노동자와 반대로 부르
주아들은 어떠한가. 노동이 모든 부의 원천이라면, 그 누구도
노동하지 않고는 부를 얻을 수 없는 것이 아닌가. 그렇다면 "스
스로 노동하지 않는 사람은 남의 노동에 의해 사는 것이며, 그
의 문화 또한 남의 노동의 대가로 얻어지는 것이다"라고 마르
크스는 쓰고 있다. 잘 알려져 있듯이 마르크스는 역사적 발전
단계를 설명하면서 생산수단을 소유한 자들이 경제적 부와 권
력을 소유하게 된다고 말한다. 노동이 부의 원천이라는 고타강
령의 선언과 달리 자연으로부터 생산수단과 물질적 조건을 소

156

유하고 있는 자들은 스스로 노동하지 않고도 부를 얻는다.

2) "유익한 노동은 오직 사회 속에서만, 또 사회를 통해서만 가능하다" 비판

이 문단의 두 번째 부분: "유익한 노동은 오직 사회 속에서만, 또 사회를 통해서만 가능하다."

첫 번째 문장에 따르면 노동은 모든 부와 모든 문화의 원천이었던 만큼, 어떤 사회도 노동 없이는 있을 수 없다. 그런데 지금 우리는 거꾸로 어떤 "유익한" 노동도 사회 없이는 불가능하다는 것을 보게 된다.
…

그런데 "유익한" 노동이란 무엇인가? 그것은 기껏해야 목표했던 바의 유익한 결과를 낳는 노동일 것이다. 돌로 동물을 잡든가 열매를 모으든가 하는 야만인 ―인간이 원숭이를 면한 후에는 야만인이다― 도 "유익한" 노동을 한다(마르크스, 1988, 167).

두 번째 부분에서, 마르크스는 "유익한" 노동이 무엇인지 질
문한다. 사회상태 이전의 자연상태에서 야만인도 수렵, 채집
활동을 했고 그것도 "유익한" 노동이었다고 답한다. 그러므로
"오직 사회 속에서만, 또 사회를 통해서만" 유익한 노동을 하는
것은 아니다.

3) "노동의 소득은 온전히, 동등한 권리에 따라 사회의 모든 성
원에게 속한다" 비판

세 번째 결론: "그런데 유익한 노동은 오직 사회 속에서만,
또 사회를 통해서만 가능하므로, 노동의 소득은 온전히, 동
등한 권리에 따라 사회의 모든 성원에게 속한다."

멋진 결론이다! 유익한 노동은 오직 사회 속에서만, 또 사
회를 통해서만 가능하다면, 노동의 소득은 사회에 속하고
노동자 개개인에게는 그 중에서 다만 노동의 "조건"인 사회
를 유지하는 데 필요하지 않은 부분만이 돌아가게 된다.
…

그러나 다음과 같은 또 다른 명제도 두말할 것도 없이 옳다. "노동이 사회적으로 발전하고 또 그럼으로써 부와 문화의 원천이 됨에 따라 노동자 쪽에서는 가난과 황폐함이, 노동하지 않는 사람 쪽에서는 부와 문화가 발전한다."

이것이 지금까지의 모든 역사의 법칙이다. 따라서 여기서는 "노동"이니 "사회"니 하는 일반적인 상투어를 늘어놓는 대신에, 노동자들로 하여금 이 역사적 재난을 타파할 수 있게 하며 또 타파하지 않을 수 없게 하는 물질적 조건 및 기타 조건들이 어떻게 하여 결국 오늘날의 자본주의 사회 안에서 조성되었는가를 명백히 보여 주었어야 했다.

하지만 문체로 보나 내용으로 보나 형편없는 이 문단 전체는 사실상 "온전한 노동소득"이라는 라살의 표어를 제1의 슬로건으로서 당의 깃발에 써넣기 위해서만 존재할 뿐이다(마르크스, 1988, 167-169).

세 번째 부분에서는, "노동의 소득은 온전히, 동등한 권리에 따라 사회의 모든 성원에게 속한다"는 주장이 등장한다. 마르크스는 "문체로 보나 내용으로 보나 형편없는" 문단이라고 하면서, 이것은 사실상 온전한 노동소득이라는 라살의 표어를 강령에 써넣기 위한 것일 뿐이라고 비판하고 있다.

마르크스는 "노동의 소득은 사회에 속하고 노동자 개개인에게는 그중에서 다만 노동의 '조건'인 사회를 유지하는 데 필요하지 않은 부분만이 돌아가게 된다"고 명료하게 논평한다. 물론 사회가 유지되고 재생산되기 위해서는 사회주의 사회에서도 잉여노동이 필요하다. 그러나 사회에서 고립된 노동이 가치를 창출해 낼 수 있다고 하더라도 부나 문화를 창출해 낼 수는 없기 때문에, 노동은 "사회 속에서, 또 사회를 통해서만 부와 문화의 원천이 된다".

그러나 마르크스는 "노동이 사회적으로 발전하고 또 그럼으로써 부와 문화의 원천이 됨에 따라 노동자 쪽에서는 가난과 황폐함이, 노동하지 않는 사람 쪽에서는 부와 문화가 발전한다"는 것도 두말할 것 없이 옳다고 덧붙인다. 노동소득에서, 사회를 유지하기 위하여 필요하다는 논리로 정부가 일정 부분 가져가고, 사회기관이 또 가져가며, 각종 생산수단 소유자들이 또 다시 일부를 가져갈 것이다. 그렇다면 "사회를 유지하는 데 필요하지 않은" 아주 작은 부분만이 노동자들에게 돌아가게 된다. 그러니 결국, "노동자 쪽에서는 가난과 황폐함이, 노동하지 않는 사람 쪽에서는 부와 문화가 발전한다"는 결론에 이르게 된다고 강하게 비판하고 있는 것이다.

3. 요제프 디츠겐에 대한 비판

벤야민은 「고타강령비판」에 이어서 요제프 디츠겐에 대해서도 비판한다. 테제 11 맨 마지막 문장에서 "타락한 노동 개념에게는 그것의 상보물로서 디츠겐이 표현한 대로 '공짜로 주어진' 자연이 속한다"라고 디츠겐의 논의를 덧붙인다. 디츠겐의 원래 문장은 다음과 같다. "공짜로 주어진 자연에서 노동만이 이자를 포함한 모든 자본을 만들어 낸다는 것은 애덤 스미스 이래 국민경제학에서 인정된 바이다"(Dietzgen, 1923, 175). 고타강령과 디츠겐 등은 모두 자연 개념을 "공짜로 주어진" 것으로 생각하고 있다. 이것은 모두 노동의 본질을 잘못 이해하고 있는 속류 마르크스주의적인 노동 개념이다.

4. 자연 지배에 대한 비판

벤야민은 "그러한 노동 개념은 자연 지배의 진보만을 보고 사회의 퇴보는 보려고 하지 않는다. 그러한 노동 개념은 나중에 파시즘에서 나타나게 될 기술주의적 특징들을 이미 보여 준다"고 썼다. 고타강령이나 디츠겐의 노동 개념은 자연 지배를 당연한 것으로 보며, 그 안에서 자연 지배는 진보하게 된다. 오늘날도 여전히 자연을 지배하고 정복하려는 진보주의적 역사관을 표방하는 역사 논리가 작동되고 있으며, 우리는 이 자연 지배를 당연하게 여기고, 자연 지배의 방식은 점점 고도화되고 있다.

그런데 "이런 식으로 이해된 노동은 이제 자연의 착취로 귀결되는데, 사람들은 소박하게 만족해하면서 프롤레타리아 계급의 착취에 그 자연의 착취를 대립"시키게 된다. 즉, 여기에서 벤야민이 비판한 노동 개념은 자연 착취로 나아가며, 이는 노동에 대한 착취와 자연에 대한 착취를 대등한 것으로 여기게 된다는 것을 의미한다.

벤야민은 사회민주주의가 "근본적으로 자연을 도구적으로

지배하려는 기술적 이성 혹은 도구주의적 이성에 근거하는 동일한 역사관"을 가지고 있다고 본다. 그리고 벤야민은 "자연 개념과 노동 개념을 연결지어 파악"하면서 "자연을 지배해 가는 진보 개념 뒤에는 사회의 퇴행이 있다는 날카로운 주장을 편다"(서규환, 2009, 200).

그러면서 공상적 사회주의를 논했던 푸리에가 오히려 더 건강했다고 논평한다. "푸리에에 따르면 사회적 노동이 잘 짜여만 진다면, 네 개의 달이 지상의 밤을 밝혀 줄 것이고, 극지방의 빙하가 물러갈 것이며, 바닷물 맛이 짜지 않고, 맹수들은 사람들에게 봉사하게 될" 것이며, "이 모든 것은 자연을 착취하는 것과는 동떨어진 노동"의 모습을 보여 준다. 이것은 유토피아적이고 공상적인 이야기이지만, 자연에 대한 착취가 아닌 자연과 사회적 노동의 조화를 꿈꾸는 것이다. 그런데 진보주의적 역사관은 "자연은 공짜로 주어진" 것이기 때문에, 자연 지배와 착취는 당연한 전제라고 보고 있다는 예리한 비판이다.

테제 12

—

우리는 역사를 필요로 한다.
그러나 우리는 그것을 지식의 정원에서 소일하는 나태한 자가
필요로 하는 방식과는 다른 방식으로 필요로 한다.
— 니체, 「역사가 삶에 대해 갖는 이점과 단점에 대해」

역사적 인식의 주체는 투쟁하는, 억압받는 계급 자신이다. 마르크스에서 그 계급은 해방의 과업을 과거에 패배한 세대들의 이름으로 완수하는, 최후의 억압받고 복수하는 계급으로 등장한다. 짧은 기간 '스파르타쿠스^{Spartakus}'에서 다시 한 번 위세를 보였던 이 의식을 사회민주주의는 예전부터 못마땅하게 여겼다. 30여 년이 경과하는 동안 사회민주주의는 그 쩌렁쩌렁한 목소리로 지난 세기를 뒤흔들었던 블랑키라는 이름을 사실상 지웠다. 그들은 노동자 계급에게 **미래** 세대늘의 구원자 역할을 부여하는 것을 좋아했다. 그들은 그로써 노동자 계급이

지닌 가장 강력한 힘에서 그 힘줄을 잘라 버리고 있다. 노동자 계급은 이 훈련 과정에서 증오와 희생정신을 모두 망각하였다. 왜냐하면 그 둘은 해방된 자손의 이상에서가 아니라 억압받는 선조의 이미지에서 그 자양을 취하기 때문이다.

◇◇◇◇◇◇◇

1. 역사의 주체

역사의 주체는 누구일까. 역사를 인식하고, 사회변동을 추동하고, 새로운 역사를 만들어 내는 주체는 누구일까. 일반적으로 크게는 역사 변동을 추동하는 주체가 어떤 영웅이나 소수에게 있다고 보는 영웅 사관과 다수의 민중이 역사를 변화시키는 주체라고 보는 민중 사관의 입장이 있다. 이렇게 보면 마르크스는 대표적인 민중 사관이라고 할 수 있다. 그는 자본주의 사회에서 억압받는 노동자 계급이 혁명의 주체가 될 것이라 보고 "전 세계 프로레타리아트여, 단결하라"라고 외쳤다. 그래서 마르크스에게 "역사적 인식의 주체는 투쟁하는, 억압받는 계급

자신이다". 마르크스에서 그 계급은 해방의 과업을 과거에 패배한 세대들의 이름으로 완수하는, 최후의 억압받고 복수하는 계급으로 등장한다.

2. 로자 룩셈부르크의 대중의 자발성

제1차세계대전 중인 1916년에 설립된 독일 사회당 좌파 연합인 '스파르타쿠스Spartakus'는 독일 사회민주당의 타협주의에 대해 비판하면서, 카를 리프크네히트Karl Liebknecht와 로자 룩셈부르크Roxa Luxemburg등이 주축이 되어 설립되었다. 제1차세계대전 당시 독일 사회민주당은 전쟁을 지지했는데, 급진주의자들은 이에 반대하면서 전쟁 중지, 전면적 계급투쟁, 사회주의 혁명, 제국주의에 반대하는 국제적 연대를 주장했다. 이들은 1919년 1월 짧은 기간 동안 스파르타쿠스 봉기를 일으켰으나 실패했고, 주요 지도자였던 룩셈부르크와 리프크네히트는 체포된 당일 암살당했다.

특히 로자 룩셈부르크는 아래로부터의 사회주의 혁명과 민중의 자발성을 강조했다. 그녀는 1905년 러시아의 소비에트 운동에서 영감을 얻어 혁명에서 노동자들의 자발성을 신뢰하고 옹호했다. 룩셈부르크는 "사회주의는 노동자의 이름으로 독재를 행하는 훌륭한 사람들이 주는 크리스마스 선물 같은 것이 아니다. 사회주의라는 것은 노동자의 자기 해방이 아니면 안 된다. 누구도 당신을 위해 사회주의를 가져다 줄 사람은 없다"라고 주장하면서, 노동자들이 스스로 역사와 혁명이 주체가 되어야 한다는 자발성 논의를 펼쳤다. 그녀는 노동자가 혁명의 주체가 되어야 한다는 굳건한 믿음을 가졌던 혁명가였다.

벤야민은 "30여 년이 경과하는 동안 사회민주주의는 그 쩌렁쩌렁한 목소리로 지난 세기를 뒤흔들었던 블랑키라는 이름을 사실상 지웠다"고 쓰고 있다. 블랑키Louis Auguste Blanqui는 프랑스의 급진주의자이며 민중 봉기의 실천가이자 혁명가였다. 그는 부르봉 왕가에 대한 학생운동에 가담한 것을 시작으로, 1830년 7월 혁명으로 다시 왕정이 수립된 이후 본격적인 저항운동에 투신했다. 그는 평생의 1/3인 25년을 감옥에서 보내야 했지만 저항운동을 멈추지 않았다는 점에서 실천가였다. 벤야민이 말하는 "쩌렁쩌렁한 목소리"는 억압받는 자들에게 던지는 혁명가의 목소리였다. 그러나 이후의 사회민주주의는 이 쩌

그림 10   로자 룩셈부르크

그림 11   블랑키

렁쩌렁한 목소리의 블랑키라는 이름을 지웠다. 벤야민은 노동자의 투쟁은 "해방된 자손의 이상"에서가 아니라 "억압받는 선조의 이미지"에서 나온다고 썼다. 룩셈부르크와 블랑키는 앞으로의 미래가 좋아질 것이라는 이상에 기댄 사람이 아니라, 지금 당장의 억압에 분노하며 타협 없이 부딪힌 "최후의 억압받고 복수하는 계급"의 대변자인 것이다. 그러나 당시 독일 사회민주주의는 룩셈부르크와 블랑키의 이름을 선전에 이용하면서도, 실제로는 그들의 "쩌렁쩌렁한 목소리"가 가진 투쟁성을 거

세해 버렸다.

3. 힘줄이 잘린 노동자

벤야민은 "그들은 노동자 계급에게 **미래** 세대들의 구원자 역할을 부여하는 것을 좋아했다"고 쓰고 있다. 즉, 노동자 계급은 현재의 혁명 세력이 아니며, 나중에서야 "미래 세대들의 구원자 역할"을 하게 되리라는 진보 개념을 공유했던 것이다.

억압받는 자들의 전통은 노동자 계급을 구원자로 만든다. 사회민주주의의 역사관에서 치명적인 결함은, 노동자 계급은 다가올 세대들에 대하여 구원자로 등장해야 한다는 점이었다(2009b, 379).

벤야민이 보기에 이것은 사회민주주의 역사관에서 치명적인 결함이며, "노동자 계급이 지닌 가장 강력한 힘에서 그 힘줄을 잘라 버리"는 일이다. 혁명에서 미래 세대들의 구원자 역할을 맡게 됨으로써 노동자 계급은 역사 주체로서의 힘을 빼앗기고, 자신을 억압하는 세력에 대한 "증오와 희생정신을 모두 망각"하여 혁명의 주체가 되기 어려운 상태에 빠진다. 증오와 희생정신, 이 두 가지는 "해방된 자손의 이상에서가 아니라 억압받는 선조의 이미지에서 그 자양을 취하기 때문이다". 결국, 노동자 계급은 혁명의 동력을 잃고 스스로 역사를 변동하는 주체라고 생각하지 못하게 된다. 벤야민은 이러한 사회민주주의에 대해 비판하고 있다.

테제 13

사회민주주의 이론은, 그리고 그 실천은 더욱더, 현실에 근거를 두지 않고 교조적인 요구를 갖는 진보 개념에 의해 규정되었다. 사회민주주의자들의 머릿속에 그려진 진보는 우선 (인류의 기술과 지식의 진보만이 아니라) 인류의 진보 자체였다. 둘째로 그것은 (무한한 완성 가능성에 상응하는) 종료시킬 수 없는 진보였다. 셋째로 그것은 (자동적으로 직선이나 나선형의 궤도로 진행되는) 본질적으로 저지할 수 없는 진보였다. 이 세 가지 속성 모두 논란의 여지가 있으며 각각의 속성에 비판을 가할 수 있다. 하지만 그 비판이 가차 없는 비판이 되려면 이 속성들

모두의 배경을 파헤쳐 보고, 그 속성들의 공통점이 무엇인지를 밝히지 않으면 안 된다. 역사에서의 인류의 진보라는 생각은 역사가 균질하고 공허한 시간을 관통하여 진행해 나간다는 생각과 분리될 수 없다. 이러한 진행에 대한 비판이 진보에 대한 생각 일반에 대한 비판의 토대를 형성해야 한다.

◇◇◇◇◇◇◇

1. 사회민주주의의 진보 개념

테제 13은 요제프 디츠겐의 "우리의 과제는 날로 더 분명해지고 민중은 날로 영리해지지 않는가"라는 문구를 인용하면서 시작하고 있다. 이는 미래를 낙관적으로 바라보는 진보적 역사관을 드러내고 있는 문장이다. 그러나 벤야민은 사회민주주의 이론은 진보 개념 자체에서부터 문제가 있다고 본다. 그들은 현실에 근거를 두지 않는 진보 개념을 가지고 있는 것이다. 벤야민은 테제 11부터 전개해 온 사회민주주의의 진보 개념을 여기서 세 가지로 정리하며 비판한다.

① (인류의 기술과 지식의 진보가 아니라) **인류의 진보 자체**에서는, "기술과 지식의 진보"와 "인류의 진보 자체"를 나누고 있다. 기술적, 과학적, 지식의 진보만이 아니라, 사회적, 정치적, 문화적, 윤리적 진보 등등을 포괄하는 인류의 진보 자체를 말한다.

② (무한한 완성 가능성에 상응하는) **종료시킬 수 없는 진보** 개념이다. 이는 인류가 시간에 따라 점점 더 완성되어 가리라고 보는 발전과 진보에 대한 믿음이다.

③ (자동적으로 직선이나 나선형의 궤도로 진행되는) **본질적으로 저지할 수 없는 진보** 개념이다. 벤야민의 시간 개념은 중단과 불연속성을 말하는 데 반하여, 이 진보 개념은 자동적이고 연속적인 시간 개념을 말한다. 이것은 지배의 연속성을 가져올 것이다. 이러한 진보 개념은 사회민주주의뿐만 아니라, 진보적 역사관의 특징이기도 하다.

2. 균질적이고 공허한 시간

진보 개념 세 가지의 공통분모는 "역사가 균질하고 공허한 시간을 관통하여 진행"하는 것으로 보는 잘못된 전제에서 출발하는 것이라고 본다. 그래서 진보에 대한 비판은 "균질적이고 공허한 시간"에 대한 비판에서 시작되어야 한다.

역사유물론은 균질적인 역사 서술도 또 연속적인 서술도 지향하지 않는다. 상부구조가 하부구조에 반작용하는 사실로부터 균질적인 역사, 예를 들어 균질적인 경제사는 균질적인 문학사나 균질적인 법학사와 마찬가지로 존재하지 않는다는 것이 분명해진다. 다른 한편 과거의 다종다양한 시대가 역사가의 현재에 의해 취급되는 정도가 크게 다르기 때문에(종종 최근의 과거에조차 전혀 손이 닿지 않는 경우가 있다. 현재는 과거를 '정당하게 평가'하지 않는다) 역사 서술의 연속성은 실현될 수 없다(2005, [N 7a, 2]).

벤야민의 시간 개념은 '균질적인 시간'이 아니다. 그래서 균질적인 경제사, 균질적인 문학사, 균질적인 법학사 등도 존재할 수 없다. 더 나아가 균질적인 정치사, 균질적인 미술사 등등의 균질적인 역사란 존재할 수 없으며, 균질적인 일상사도 있을 수 없다.

역사유물론은 역사에 있어서 서사시적 요소를 포기해야 한다. 역사유물론은 시대를 물화된 '역사의 연속성'으로부터 분리시킨다. 그러나 동시에 시대의 균질성을 폭파한다. 그것은 시대에 파편들을, 즉 현재를 뒤섞는다(2005, [N 9a 6]).

상부구조와 하부구조뿐만 아니라 우리의 일상을 돌아보아도 하루하루가 일정하거나 동일하지 않다. 또한 역사 서술은 연속적이지 않다. 끊임없이 단절적인 역사들이, 파편들이 성좌처럼 알알이 박혀 역사들을 구성하는 것이다. 우리의 현실이 매 순간 변화하고 있는 것처럼, 현실에서 선 우리의 관점에서 과거 또한 변화되고 새로 구성되어야 한다. 그래서 "현실에 근거를 두는" 새로운 진보 개념이 필요하다.

테제 14

역사는 구성의 대상이며, 이때 구성의 장소는 균질하고 공허한 시간이 아니라 지금시간Jetztzeit으로 충만된 시간이다. 그리하여 로베스피에르에게 고대의 로마는 지금시간으로 충전된 과거로서, 그는 이 과거를 역사의 연속체에서 폭파해 내었다. 프랑스 혁명은 스스로를 다시 귀환한 로마로 이해했다. 프랑스 혁명은 마치 유행이 과거의 의상을 인용하는 것과 똑같이 고대 로마를 인용하였다. 유행은 현재적인 것을, 그것이 과거의 덤불 속 어디에서 움직이고 있든지, 알아채는 감각을 갖고 있다. 유행은 과거 속으로 뛰어드는 호랑이의 도약이다. 다만 그 도약이 지배계급이 지휘를 하고 있는 경기장에서 일어나고 있을 뿐이다. 역사의 자유로운 하늘 아래에서 펼쳐질 그와 같은 도약이 마르크스가 혁명을 파악했던 변증법적 도약이다.

◇◇◇◇◇◇◇

1. 지금시간

앞서 언급했듯이 역사는 재구성이 아니라 새로 '구성'하는 대상이다. 이때 역사의 구성은 연대기적 역사 서술의 관점에서 보는 것처럼 균질하고 공허한 과거의 시간이 아니라, 바로 "지금시간으로 충만된 시간"이다. 즉, 지금시간에서 과거를 만나고 이해하고 해석하는 것이다.

벤야민은 로베스피에르의 프랑스 혁명을 예로 들어 설명한다. 로베스피에르에게 고대 로마는 고대에 머물러 있는 것이 아니라, 바로 "지금시간"에서 바라본 로마, "지금시간"으로 가져온 로마였다. 로베스피에르는 실제로 고대 로마의 법전을 고증하고, 고대 이집트 문명, 고대 그리스 역사와 프랑스 계몽주의 철학자들의 저작을 읽었으며, 이를 토대로 왕권신수설에 대항하여 천부인권설을 주장했다. 그래서 그는 고대 로마의 과거를 연속적인 역사 서술에서 폭파해 내듯이 "지금시간"으로 가져온 것이다. 그에게 프랑스 혁명은 다시 귀환한 로마를 "인용"한 것과 같았다.

이렇게 과거를 인용하는 것을 벤야민은 '유행'에 비유한다. 지금 유행하는 것은 매우 '현재적인 것'을 의미하지만, 사실상 그것은 "과거의 덤불 속 어디에서 움직이고 있든지, 알아채"어 폭파해 내듯이 가져와 현재에 인용한 것이다. 그래서 "유행은 과거 속으로 뛰어드는 호랑이의 도약이다"라고 쓰고 있다. 유행이란 현재에 서 있는 호랑이가 과거 속으로 뛰어든 것이다. 그래서 오늘날에도 유행은 과거의 인용이다.

대중을 선도하는 것은 매번 최신의 것이지만 그것이 대중을 선도할 수 있는 것은 이 최신이 것이 실제로는 가장 오래된 것, 이미 존재했던 것, 가장 친숙한 것의 매개를 통해 나타나는 경우에 한해서이다. 이러한 극, 최신의 것이 이런 식으로 이미 존재했던 것을 매개로 만들어지는 방법이 패선 본래의 변증법적인 극을 이룬다(2005, [B 1a, 2]).

유행이란 늘 최신의 것이고 새로운 것이지만, 그것은 과거의 인용이다. 예를 들면, 복고풍이라는 이름으로, 혹은 뉴트로라는 이름으로, 재해석이라는 이름으로 과거의 유행은 오늘날 재소환된다.

다만 안타깝게도 여기에서 호랑이의 도약은 지배계급이 지휘하고 있는 경기장에서 뛰어든 것이다. 벤야민은 "지배계급이 지휘하고 있는 경기장"과 "역사의 자유로운 하늘 아래"를 대조하여 설명한다. 현재의 "지금시간"에서 과거를 만난다 하더라도 지배계급의 질서나 규율하에서는 한계를 벗어나지 못한다. 그러나 자유로운 하늘 아래에서 호랑이의 도약은 마르크스가 혁명을 파악했던 변증법적 도약이 될 것이다.

2. 인용

벤야민이 이 테제의 시작에서 "근원이 목표다"라는 크라우스의 시를 인용하고 있는데, 이 근원이란 무엇일까. 벤야민이 말하는 근원은 단순히 로마의 과거로, 또는 유행의 과거로 돌아가자는 뜻이 아니다. 근원은 과거에서 찾는 것이 아니라, 그 과거를 폭파시켜 현재에 가져와 인용할 때, 그것도 "역사의 자유로운 하늘 아래"에서 인용할 때, 그래서 과거를 "원-현상"으로 현재화할 때 찾을 수 있는 것이다.

역사를 기술한다는 것은 역사를 인용하는 것이다. 그런데 인용이라는 개념 속에는 그때그때의 역사적 대상을 그것의 관련성으로부터 떼어 내는 작업이 포함되어 있다(2005, [N11,3]).

벤야민은 인용이라는 개념을 자주 사용하는데, 과거의 것을 인용한다는 것은, 과거의 맥락에서부터 떼어 내어 파괴하고, 현재의 맥락으로 가져와서 새로 구성한다는 것을 의미한다. 그러면 인용 자체가 현재를 새로 구성하는 근원이 된다.

—

역사의 연속체를 폭파한다는 의식은 행동을 하는 순간에 있는 혁명적 계급들에게서 특징적으로 나타난다. 대혁명은 새로운 달력을 도입하였다. 달력이 시작하는 날은 역사적 저속촬영기로서 기능을 한다. 그리고 회상^{Eingedenken}(기억)의 날들인 공휴일의 형태로 늘 다시 돌아오는 날도 근본적으로 그와 똑같은 날이다. 따라서 달력들은 시간을 시계처럼 세지 않는다. 달력들은 역사의식의 기념비들이며, 이 역사의식은 유럽에서 100년 전부터 가장 희미한 흔적조차 남아 있지 않은 것 같다. 7월 혁명 시절만 해도 이러한 의식이 살아 있음을 보여 준 사건이 일어났었다. 처음 투쟁이 있던 날 밤에 파리 곳곳에서 서로 독립적으로 동시에 시계탑의 시계를 향해 사람들이 총격을 가하는 일이 벌어졌다. 한 목격자는 시의 운율에서 영감을 받은 듯이 당시 이렇게 적고 있다.

누가 믿을 것인가! 사람들 말로는 시간에 격분하여
새 여호수아들이 모든 시계탑 밑에서
그날을 정지시키기 위해 시계 판에 총을 쏘아 댔다고 한다.

◇◇◇◇◇◇◇

1. 역사의 연속체 폭파: 프랑스 혁명력

이제 "역사의 연속체를 폭파한다"는 것은 이해할 수 있을 것 같다. 벤야민의 역사철학은 역사가 연대기적 역사 서술처럼 연속체로 이루어져 있다고 생각하지 않는다. 그런데 이러한 의식은 "혁명적 계급들에게서 특징적으로 나타난다"고 한다. 벤야민은 "역사적 불연속성에 대한 의식은 행동의 순간에 있는 혁명적 계급의 독특한 점이다"라고 쓰고 있기도 하다(2009b, 363).

그래서 이 대혁명은 역사의 연속체를 폭파하고 "새로운 달력"을 도입했다. 이것은 프랑스 혁명력Republican Calendar(프랑스 공화력)을 말하는데, 프랑스 혁명으로 수립된 공화정부가 기존에 쓰던 그레고리력을 폐지하고 새로 도입한 달력이다.[18] 벤야민이 보기에, 이러한 혁명달력의 시도는 역사의 연속체를 폭파하고 '혁명'에 새로운 의미를 부여한 것이었다.

2. 몽타주의 원리: 저속촬영기time-lapse photography

벤야민은 "달력이 시작하는 날은 역사적 저속촬영기로서 기능을 한다"고 썼다. 여기서 '역사적 저속촬영기'란 어떤 의미

---

18 이 달력은 1793년부터 1805년까지 프랑스 혁명기 약 12년 동안 프랑스가 사용한 달력이다. 이 달력에서는 십진법을 사용하여 1년 12개월을 똑같이 30일로 통일했으며, 1년 360일을 제외한 나머지 5-6일은 축제일로 여겼다. 그런데 일반 국민들은 오랫동안 익숙해진 달력 체계를 버리기가 쉽지 않았다. 낯선 체계는 생활상 불편을 초래했고, 외국과의 교류에도 지장을 주었고, 가톨릭교회와의 마찰도 문제가 되었다. 결국은 나폴레옹이 황제로 등극한 후, 1806년 1월 1일 혁명력은 폐지되었다.

인가? 독일어 원문으로는 "historischer Zeitraffer"인데, 영문판에서는 "history in time-lapse mode"로 번역했고, 한국어판에서는 저속촬영기라고 번역했다. 벤야민이 스스로 번역한 프랑스어판에서는 "일종의 역사적 축도"라고 쓰고 있기도 하다. 그러나 사실 이것은 번역이 불가능한 개념이다.[19]

수수께끼 같지만, 그럼에도 한국어판 번역의 저속촬영기라는 표현이 벤야민이 의미하는 "일종의 역사적 축도"를 비유적으로 잘 드러낸 것일 수 있다. 저속촬영기를 통해 비유적으로 설명해 보자. 저속촬영기란 영상 촬영 편집 기법 중 하나로 일정한 시간 동안에 움직이는 피사체를 모아 붙여서 그것을 정상 속도로 영사하는 것을 말한다. 일반적인 영상의 경우 피사체의 움직임과 시간의 흐름이 정해진 프레임 속도, 즉 동일한 프레임 속도로 촬영된다. 그러나 저속촬영은 긴 시간 동안 변화

---

19 이것은 번역이 불가능한 개념이다. 미삭은 이것을 "역사의 리듬이 가속화된다"라고 잘못 옮겼고, 강디약은 축자적으로 "역사적 시간 수집기"라고 옮겼다. 자기 자신의 프랑스어 번역에서 벤야민은 "일종의 역사적 축도"를 제안한다. 왜 그럴까? 아마 이날에 과거의 모든 반란의 순간들이, 억압받는 자들의 모든 풍부한 전통이 '수집'되기 때문일 것이다. … 그렇지만 historischer Zeitraffer라는 표현은 여전히 수수께끼이다(뢰비, 2017, 172-173).

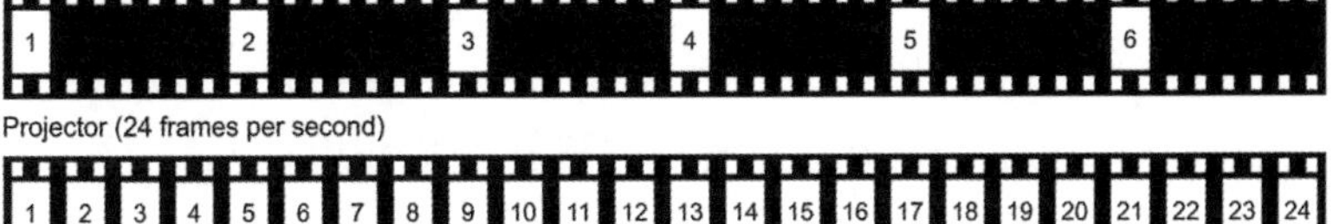

그림 12 저속촬영의 원리 © Colin Burnett

하는 피사체의 모습을 일정한 시간 간격으로 낱장 촬영하여 영상으로 압축하여 재생한다. 즉, 촬영하는 시간 동안의 모든 움직임을 담아내지 않고 일정 주기마다 반복 촬영된 사진을 이어 붙여 영상과 비슷하게 움직임이 나타나도록 하는 것이다. 예를 들면, 0.1초, 0.5초, 1초, 2초 등의 일정 시간을 두고 찍은 사진을 이어 붙여 영상을 만드는 것이다. 이러한 저속촬영의 원리를 카메라 필름 형태의 이미지로 표현하면 위의 그림과 같다.

그림 12는 1초에 6프레임을 저속촬영한 경우와 일반적인 영상 표준속도인 1초에 24프레임을 촬영한 경우를 위아래로 배치해 비교하여 보여 준다. 저속촬영은 재생했을 때 피사체 움직임이 빨라지기 때문에 운동감을 승진시키거나 희극적인 효과를 얻기 위해 주로 사용하는 촬영 기법이다. 무성 영화를 비

롯한 영화사 초기의 영화들이 저속촬영 기법으로 촬영된 화면을 보여 주는데 그것은 당시의 카메라가 기술상의 한계로 오늘날처럼 1초에 24프레임을 찍지 못했기 때문이었다. 오늘날은 일부러 운동감이나 거친 화면을 보여 줄 때 활용되기도 한다.

그러면 이 저속촬영기를 '역사적 저속촬영기'로 비유해 보자. 역사를 연대기적으로 연속되었다고 보는 역사주의적 관점이 시간에 따라 모든 움직임을 찍는 일반적인 영상이라고 한다면, 벤야민이 말하는 역사의 연속체를 폭파하는 역사유물론의 관점은 개별 시간들을 각각 촬영하여 몽타주 하듯이 연결하는 저속촬영기의 영상이라고 할 수 있다. 즉, 그의 시간 개념을 이해한다면, 이것은 현재의 관점에서 섬광 같은 과거의 이미지를 만나서 이루어진 점선과 같은 시간 개념이다. 그에게 역사는 이렇게 몽타주 원리를 역사 속에 도입하는 것이다.

3. 시간의 정지: 기념탑에 총격

"회상Eingedenken의 날들인 공휴일의 형태"는 어떤 의미일까. 벤야민은 우리가 과거 전체를 기억하지 못한다는 것을, 아마도 절반은 망각의 창고로 간다는 것을 알고 있다. 그래서 회상의 날들은 공휴일의 형태로 온다.[20] 공휴일은 특별한 날이다. 연속된 평일에 비해 공휴일이 우리 기억에 더 많이 남듯이, 연속된 역사에서 "특정한 것"을 발굴해 내듯이 더 기억에 남는 것을 의미한다.

이 특별한 공휴일의 날처럼, 연속된 역사에서 "특정한 것"을

---

20 이 공휴일의 형태에 대한 해석은 다소 복잡하다. 벤야민은 휴일, 축제일에 대하여 「역사의 개념에 대하여' 관련 노트들」에서 다음과 같이 쓰고 있다. "메시아적 세계는 보편적이고 완전한 현재성의 세계이다. 그 속에 비로소 보편사가 있다. 그러나 쓰인 역사로서가 아니라 축제로 보낸 역사로서, 이 축제는 모든 휴일이 구축된 상태이다. 그것은 축제의 노래라는 것을 모른다. 그것의 언어는 문자의 사슬을 폭파하여 (마치 새들의 언어를 행운아들이 이해하듯이) 모든 사람이 이해할 수 있는 온전한 산문이다. 산문의 이념은 보편사의 메시아적 이념과 합치한다"(2009b, 360). 벤야민은 역사주의에서 주장하는 보편사를 기술하는 것은 불가능하다고 비판하면서, 그와 달리 "메시아적 세계"에서는 보편사가 가능하다고 말한다. 이것은 축제일, "모든 휴일이 구축된 상태"이다. 벤야민의 「역사의 개념에 대하여' 관련 노트들」에서는 "행운아들"에 대해, 독일의 민담 전통에서는 일요일에, 특히 초승달에 태어난 아이들은 특수한 능력, 즉 영들을 본다든지 죽은 자들과 소통한다든지 보통 사람들이 풀지 못하는 것들을 쉽게 풀어낸다든지 하는 능력을 타고난다고 전해진다는 주석이 달려 있다(2009b, 367, 각주 17). 이들은 보통 사람들과 달리 새들의 언어를 이해하는 자들이다. 말하자면 행운아들은 "문자의 사슬을 폭파"한 언어를 이해하는 자들일 것이다. 그런데 이러한 "문자의 사슬을 폭파"한 언어를 행운아들뿐만 아니라 "모든 사람이 이해할 수 있는 온전한 산문"으로 받아들일 수 있는 축제일이라면 메시아의 세계가 열릴 것이다.

발굴해 내어 역사를 기술해야 한다. "따라서 달력들은 시간을 시계처럼 세지 않는다. 달력들은 역사의식의 기념비들"이다. 시간을 시계처럼 센다는 것은 기계적이고 자동적이며 연속된 역사를 공허하게 바라보는 것을 말한다. 그러나 혁명달력과 같은 것은 그러한 시간 개념을 벗어나 "역사의식의 기념비"를 세울 줄 안다. 그런데 "이 역사의식은 유럽에서 100년 전부터 가장 희미한 흔적조차 남아 있지 않은 것 같다". 즉, 역사유물론적 사유가 이제는 흔적조차 없어지고 있다는 비판이다.

그런데 이러한 의식이 살아 있음을 보여 준 사례로 벤야민은 7월 혁명 당시 시계탑의 총격 사건을 언급한다.[21] 1830년 7월 혁명의 날에 사람들은 시계탑에 동시에 총격을 가했는데, 그것은 혁명의 날을 정지시키기 위한 것이었다. 들라크루아의 〈민중을 이끄는 자유의 여신〉은 1830년 7월 혁명을 상징적으로

---

21 1830년 7월 혁명은 1830년 7월 26일, 프랑스에서 언론의 자유 폐지, 하원 해산, 선거법 개정 등 부르봉 왕조 샤를 10세의 전제정치에 대한 저항으로 일어났다. 7월 27-29일 3일간의 혁명으로 샤를 10세가 물러나고, 루이 필립이 '프랑스 국민의 왕'으로 선포되었다. 이 혁명 이후 프랑스의 귀족 체제가 붕괴되었고, 부르주아를 중심으로 한 공화주의가 세계적으로 확산되었다.

그림 13   외젠 들라크루아, 〈민중을 이끄는 자유의 여신〉, 1830

그리고 있다. 이 그림의 부제는 7월 혁명의 이틀째인 ‘1830년 7월 28일’이다. 그림의 한가운데에서 자유를 상징하고, 혁명 정신을 드러내는 여성 옆에는 양손에 권총을 든 소년이 있다. 아마도 이러한 민중이 시계를 향하여 총격을 가했으리라. 혁명의 현장에 선 사람들은 그 시간을 정지시키고 그 역사적인 사건을 “특정한 것”으로 기념하고자 한 것이다.

테제 16

—

경과하는 시간이 아니라 그 속에서 시간이 멈춰서 정지해 버린 현재라는 개념을 역사적 유물론자는 포기할 수 없다. 왜냐하면 그러한 현재 개념이야말로 그가 자기의 인격을 걸고 역사를 기술하는 현재를 정의하기 때문이다. 역사주의가 과거에 대한 '영원한' 이미지를 제시한다면, 역사적 유물론자는 과거와의 유일무이한 경험을 제시한다. 역사적 유물론자는 역사주의라는 유곽에서 '옛날에 […] 이런 일이 있었다'는 창녀에게 몸을 던지는 일을 다른 사람에게 맡긴다. 그는 자신의 힘을 지어할 줄 알며, 역사의 연속체를 폭파하기에 충분한 정력을 갖고 있다.

◇◇◇◇◇◇

1. 역사주의와 역사적 유물론 비교

벤야민은 이 테제에서 직접적으로, 그리고 비유적으로 역사주의와 역사적 유물론을 비교하고 있다. 특히 "역사주의라는 유곽에서 '옛날에 […] 이런 일이 있었다'는 창녀에게 몸을 던지는 일"이라고 역사주의를 매춘에 비유하며 직격탄을 날리고 있다. 벤야민은 「수집가이자 역사가 에두아르트 푹스」에서도 비슷한 표현을 쓰고 있다.

역사주의가 과거에 대한 영원한 이미지를 제시한다면, 역사적 유물론자는 그때그때 과거와의 유일무이한 경험을 제시한다. 서사적 요인을 구성적 요인으로 대체하는 일이 이러한 경험의 조건임이 드러난다. 역사주의와 '한때 […]이 있었다'는 이야기 속에 묶여 있었던 강력한 힘들이 이러한 경험 속에서 해방된다. 모든 현재에 대해 어떤 근원적인 경험이 되는 그러한 역사와의 경험을 작동시키는 일 —바로 이것이 사적 유물론의 과제이다. 사적 유물론은 역사의 연속성을 폭파하는 현재의 의식을 향하고 있다(2009b, 261-262).

그런데 이 인용문보다 테제 16에서 역사주의를 보다 더 분명하고 강력하게 비판하고 있는 것이다. 역사주의에서 서술하는 '옛날에 […] 이런 일이 있었다'라는 것은, 앞서 테제 5에서 비판했던 "진리는 우리에게서 달아나지 않을 것이다"라는 켈러의 말과 유사하다. 과거에 어떤 사건이, 어떤 진리가 이미 고정적이고 확정적으로 있었다고 보는 역사주의적 시각으로 과거를 바라보는 것은 창녀에게 몸을 던지는 것과 같다.

그러면 테제 16에 쓰인 역사주의와 역사적 유물론을 비교해 보자.

역사주의	역사적 유물론
경과하는 시간	정지해 버린 현재
과거의 '영원한' 이미지	과거와의 유일무이한 경험
역사의 유곽, 창녀	연속체를 폭파하는 정력

벤야민의 시간 개념은 역사주의에서 말하듯 경과하는 시간을 서사적으로 보며 과거의 영원한 이미지를 제시하는 것이 아니다. 역사적 유물론자는 현재에 정지하여 과거와의 유일무이한 경험을 구성한다. 이에 대해서는 앞에 있는 테제들에서 이미 설명했으므로, 여기에서는 역사적 유물론의 "정지해 버린 현재"와 "연속체를 폭파하는 정력"을 살펴보자.

2. 정지해 버린 현재

현재에 선 우리는 먼저 '정지'할 줄 알아야 한다. 벤야민은 "정지해 버린 현재"라고 쓰고 있다. 진보의 이름으로 앞으로 앞으로 나아가기만 하는 역사주의는 정지할 줄을 모른다. 정지하고 과거를 돌아보고 성찰할 수 있어야 한다. 앞서 벤야민의

역사관은 개인사로 말하자면 일기 쓰기와 유사하다고 이야기
했는데, 일기를 쓸 때처럼 정지해야 한다는 의미이다. 현재에
정지·중단해 잠시 머물러야 과거를 돌아볼 수 있고, 그 안에서
"과거와의 유일무이한 경험"을 캐낼 수 있다.

과거가 현재에 빛을 던지는 것도, 그렇다고 현재가 과거에
빛을 던지는 것도 아니다. 오히려 이미지란 과거에 있었던
것이 지금과 섬광처럼 한순간에 만나 하나의 성좌를 만드
는 것을 말한다. 다시 말해 이미지는 **정지 상태의 변증법**이
다. 왜냐하면 현재가 과거에 대해 갖는 관계는 순전히 시간
적, 연속적인 것이지만 과거에 있었던 것이 지금에 대해 갖
는 관계는 변증법적인 것이기 때문이다. 즉 진행적인 것이
아니라 이미지적인 것이며〈,〉 비약적인 것이다. —변증법
적 이미지만이 진정한(즉 태곳적 이미지가 아니다) 이미지이
다. 그리고 우리가 이러한 이미지들을 만나는 장소, 그것이
언어이다(2005, [N 2a, 3], 강조는 인용자).

벤야민은 "이미지란 과거에 있었던 것이 지금과 섬광처럼

한순간에 만나 하나의 성좌를 만드는 것”이라고 하면서, 이러한 이미지를 “정지 상태의 변증법”이라고 말한다. 정지하여, 현재가 과거와 만나고, 과거가 현재와 만나는 것은 변증법적인 것이다. 헤겔의 변증법을 벤야민식으로 말하자면, ‘정’에 해당하는 현재와 ‘반’에 해당하는 과거가, 혹은 그 반대로 ‘정’에 해당 하는 과거와 ‘반’에 해당하는 현재가 섬광처럼 만나서, 새로운 역사적인 ‘합’을 이루는 과정이라고 해야 할 것이다. 그러므로 역사적 유물론자가 바라보는 역사는 견고하고 확정적인 것이 아니라, “지금시간”에서 바라본 새로 구성된 역사이다. 이러한 변증법은 현재의 관점에서 정지했을 때, 그리고 현재의 관점에서 과거를 정지시킬 수 있을 때 비로소 가능하다. 앞서 테제 15에서 “시계탑을 향하여 총격”을 가하듯이 먼저 시간을 정지시켜야 한다. 그리고 정지된 현재에 서서 과거의 이미지를 볼 수 있어야 한다.

3. 연속체를 폭파하는 정력

벤야민의 역사철학은 “과거와의 유일무이한 경험”을 강조

하고 있기 때문에, 과거를 연속성·영원성으로 바라보는 관점
과 단절하여, 연속체를 폭파하는 힘(정력)을 가지고 있다. 연속
체를 폭파하여 "과거와의 유일무이한 경험"을 순간적으로 떼어
내어 지금시간으로 가져온 것이다. 그러나 벤야민의 시간 개념
은 역사주의가 전제하는 영원성도 아니지만 오늘날 탈현대주
의나 후기구조주의가 생산하는 해체, 파편화와 같은 순간성 이
론으로만 이해하는 것도 옳지 않다. 이는 역사 서술에 개입하
는 정치적 실천을 가능케 하는 일종의 지속성 이론이다(서규환,
2009, 201). 벤야민의 역사철학은 역사의 연속체를 폭파해서 발
굴해 내는 단절성·불연속성의 특성을 갖지만, 그 이미지는 저
속촬영기의 비유에서 보았던 몽타주 원리와 같다. 즉 한 순간
의 촬영으로 끝나는 것이 아니라, 섬광처럼 만난 순간순간들의
촬영이 몽타주의 원리로 기술된다. 그리고 그 순간순간들이 정
치적 실천과 연결된다.

테제 17

—

역사주의가 보편사에서 그 정점을 이루는 것은 당연하다고 할 수 있다. 유물론적 역사 서술은 다른 어떤 역사 서술보다 방법론적인 면에서 보편사와 더욱 명확하게 구별된다. 보편적 세계사는 아무런 이론적 장치도 갖고 있지 않다. 보편사의 방법론은 가산적이다. 그것은 균질하고 공허한 시간을 채우기 위해 사실의 더미를 모으는 데 급급하다. 유물론적 역사 서술은 이와는 반대로 하나의 구성Konstruktion의 원칙에 근거를 둔다. 사유에는 생각들의 흐름만이 아니라 생각들의 정지도 포함된다 사유는, 그것이 긴장으로 가득찬 성좌Konstellation 속에서 갑자기 정지하는 바로 그 순간에 그 성좌에 충격을 가하게 되고, 또 이를 통해 그 성좌는 하나의 단자^{Monad}로 결정된다. 역사적 유물론자는 역사적 대상에 다가가되, 그가 그 대상을 단자로 맞닥뜨리는 곳에서만 다가간다. 이러한 단자의 구조 속에서 그는 사건의 메시아적 정지의 표지, 달리 말해 억압받은 과거를 위한 투쟁에서 나타나는 혁명적 기회의 신호를 인식한다. 그는 균질하고 공허한 역사의 진행 과정을 폭파하여 그로부터 하나의 특정한 시대를 끄집어내기 위해 그 기회를 포착한다. 이런 식으로 그는 한 시대에서 한 특정한 삶을, 필생의 업적에서 한 특정한 작품을 캐낸다. 이러한 방법론에서 얻어지는 수확은, 한 작품 속에 필생의 업적이, 필생의 업적 속에 한 시대가, 그리고 한 시대 속에 전체 역사의 진행 과정이 보존되고 지양되는 것이다. 역사적으로 파악된 것의 영양이 풍부한 열매는, 귀중하지만 맛이 없는 씨앗으로서의 시간을 그 내부에 간직하고 있다.

1. 테제 17, 역사철학의 결정적 연관성

벤야민은 1940년 4월, 아도르노에게 「역사의 개념에 대하여」 초고를 썼다는 것을 알리는 편지에서 이 테제 17을 보라고 직접 권하고 있다.

당신(그레텔 아도르노)이 그 텍스트를 읽으면 얼마나 놀라실지, 아니면 제가 원치 않게도 혼란스러워하실지 저는 모르겠습니다. 어쨌거나 저는 특히 17번째 성찰을 보시라고 말씀드리고 싶군요. 그 성찰은 이 고찰과 지금까지의 제 글들 사이에 숨어 있는 결정적인 연관을 알아차리게 해 드릴 것인데, 그것은 그 단편이 제 글들이 추구해 온 방법을 간명하게 표현하고 있기 때문입니다(2009b, 58).

이것은 벤야민 사후, 1942년에 아도르노가 『발터 벤야민 회고집』의 서문으로 작성한 것이지만 회고집에 실리지는 못했다.

벤야민은 테제 17이 자신의 역사철학에 대하여 "결정적인 연관을 알아차리게" 하는 글이며, 그가 "추구해 온 방법을 간명하게 표현"하고 있는 부분이라고 소개하고 있다는 점을 주목할 필요가 있다. 역사철학에 대한 벤야민의 단편들 간의 결정적 연관성을 개괄할 수 있는 부분이기 때문이다.

2. 가산적 vs 성좌

벤야민은 테제 17에서 역사주의와 역사적 유물론을 "간명하게" 비교하고 있다.

먼저, 역사주의는 **가산적인 더미**일 뿐이지만, 역사적 유물론은 **모나드로 결정된 성좌**라고 설명한다. 역사주의는 아무런 이론적 장치도 없이 보편사의 역사 서술로 접근하고 있으며, 그것은 균질하고 공허한 시간들의 더미를 모아서 더하고 열거하는 가산적인 방법론이다. 그러나 역사적 유물론은 사유가 "긴장으로 가득찬 성좌^{Konstellation} 속에서 갑자기 정지하는 바로 그 순간에 그 상황에 충격을 가하게 되고, 또 이를 통해 그 상황은 하나의 단자^{Monad}로 결정"되는 것을 구성^{Konstruktion}의 원칙에 근거하여 서술하는 것이다. 이것은 점, 점, 점으로 박힌 성좌와 같다. 이 성좌는 하나의 단자로 결정되는데, 테제 14에서도 설명했듯이 이 모나드 개념은 하나의 소우주와 같은 총체성을 담고 있다.

벤야민은 이 모나드의 구조 속에서, "사건의 메시아적 정지의 표지, 달리 말해 억압받은 과거를 위한 투쟁에서 나타나는 혁명적 기회의 신호를 인식한다"고 말한다. 이것이 바로 정치적 실천과 연결된다고 할 수 있다. 역사적 유물론자는 억압받는 과거를 위한 투쟁에서 하나의 모나드라는 성좌를 만나고, 그곳에서의 혁명과 실천이 무엇인지를 사유할 수 있는 자이다. 이 모나드는 메시아적 정지의 표지이며, 그렇기에 혁명적 기회의 신호를 주는 것이다. 메시아는 구원의 개념과 연결된다. 구원의 "돛"에 "역사의 바람"이 불어온다고 했던 벤야민의 말을 기억한다면, 역사적 유물론은 모나드적으로 만나는 혁명의 신호를 통해 구원의 개념을 세우는 것이라고 볼 수 있다.

3. 서사적 vs 특정한 시대, 특정한 삶 그리고 특정한 작품

벤야민은 역사적 유물론은 "특정한 시대를 *끄집어내기* 위해 기회를 포착한다"고 쓰고 있는데, 「수집가이자 역사가 에두아르트 푹스」에서도 역사주의와 역사적 유물론을 비교하며 같은 내용을 이렇게 반복하고 있다.

엥겔스의 명제들을 잘 생각해 보면 볼수록 그만큼 더 분명해지는 것은, 역사를 변증법적으로 서술하는 일은 언제나 역사주의의 특징이라고 할 수 있는 관조의 태도를 포기함으로써 얻어질 수 있다는 점이다. 역사적 유물론자는 역사의 서사적 요소를 포기하지 않으면 안 된다. 역사는 그에게 어떤 구성의 대상이 되는데, 그 구성의 장소를 이루는 것은 공허한 시간이 아니라 특정한 시대, 특정한 삶 그리고 특정한 작품이다. 그는 그 시대를 사물화된 '역사적 연속성'을 폭파하여 거기에서 *끄집어낸다.* 그래서 이런 식으로 그는 한 시대에서 한 특정한 삶을, 필생의 업적에서 한 특정한 작품을 캐낸다. 이러한 구성에서 얻어지는 수확은, 한 작품

속에 필생의 업적이, 필생의 업적 속에 한 시대가, 그리고 한 시대 속에 전체 역사의 진행 과정이 보존되고 지양되어 있다는 점이다(2009b, 261).

역사주의의 특징은 "관조의 태도"를 가지고 있다는 것이다. 과거의 역사를 멀리서 관찰하듯이 바라보면서 "서사적"으로 "가산적"으로 기술하는 태도를 말하는 것이다. 그런데 역사적 유물론은 "균질하고 공허한 시간"을 포기하고, **특정한 시대, 특정한 삶 그리고 특정한 작품**"에 주목하여 그것을 발굴해 낸다. 그래서 역사적 유물론자는 "한 작품 속에 필생의 업적이, 필생의 업적 속에 한 시대가, 그리고 한 시대 속에 전체 역사의 진행 과정이 보존되고 지양되어 있다"는 것을 아는 자이다. 긴 과거의 시간 속에서 "특정한 것"을 알아보고 그것을 발굴하듯 캐내는 자, 즉 역사적 유물론자는 '특정한 시대 → 특정한 삶 → 특정한 작품'을 발굴해 내고, 반대로 모나드와 같은 특정한 작품에서부터 '특정한 작품 → 특정한 삶 → 특정한 시대'가 담겨 있다는 것을 알아보는 자이다.

예를 들면, 벤야민은 나폴리, 베를린, 모스크바, 파리 등의 도시 연구에 관한 글을 써왔는데, 그 가운데 「1900년경 베를린의 유년시절」에서는 자신의 어린 시절, 베를린에서의 도시에 관한 경험을 쓰고 있다. 초기에 이 저작은 평범한 자서전이나 에세이로 취급되며 저평가받기도 했었다. 그러나 이것은 벤야민 자신의 개인사를 자서전식으로 서술한 글이 아니라, 역사적 유물론에 입각한 서술 방식으로 "특정한 경험들"을 통해 "그 시대의 자본주의의 특성"을 들추어내는 글이다. 벤야민은 이러한 글쓰기 방식을 통하여 그 당시 자본주의가 가져온 도시화와 현대성을 매우 예리하게 포착해 냈다. 그래서 이 글에서 우리는 한 어린 아이의 시선으로 바라본 1900년대의 베를린이라는 특정한 시대를, 그 가운데서 더 나아가 특정한 삶을, 특정한 작품을 발굴해 내고 있는 벤야민의 독특한 시선을 만날 수 있다.

이와 같이 "역사적으로 파악된 것의 영양이 풍부한 열매는, 귀중하지만 맛이 없는 씨앗으로서의 시간을 그 내부에 간직하고 있다." 역사적 열매 안에는, 씨앗처럼 작고 맛이 없지만 귀중한 역사의 시간과 총체성이 담긴 하나의 모나드가 존재한다. 그것은 "특정한 시대, 특정한 삶 그리고 특정한 작품"이다.

테제 18

—

어떤 현대 생물학자는 이렇게 말했다. "호모 사피엔스의 보잘 것없는 5만 년의 역사는 지구상의 유기체의 역사와 비교해 보면 하루 24시간의 끝자락 마지막 2초 정도에 해당한다. 문명화된 인류의 역사는 이 척도에 비추어 본다면 기껏해야 마지막 시간, 마지막 초의 5분의 1에 지나지 않는다." 메시아적 시간의 모델로서 전 인류의 역사를 엄청난 축소판으로 요약하고 있는 지금시간은 우주 속에서 인류의 역사가 이루는 모습과 엄밀하게 일시한나.

◇◇◇◇◇◇

벤야민은 어떤 생물학자의 말을 인용하면서, 인간의 역사는 지구상의 유기체의 역사에 비교하면 매우 미미하고 짧은 시간임을 이야기한다. 특히나 문명화된 인류의 역사는 "마지막 초의 5분의 1" 정도라고 하니, 참으로 작은 단편이다.

그러니 우리의 "지금시간"은 "전 인류의 역사를 엄청난 축소판으로 요약하고 있는" 하나의 모나드적인 시간이며, "메시아적 시간의 모델"이다. 앞의 테제 17에 의하면, 메시아는 이 모나드 안에서 혁명적 기호의 신호를 보내고 있다. 이 "지금시간"은 인류 역사의 축소판이고 모나드이기 때문에, 인류 역사의 총체성을 담고 있다. 그 모나드적 시간들을 "지금시간"으로 만나고 해석하고 새로 구성할 수 있어야 한다.

—

역사주의는 역사의 여러 계기들 사이에 인과적 결합을 세우는 데 만족한다. 그러나 어떠한 사실 정황도 그것이 원인이라는 이유로 이미 역사적 사실 정황이 되지는 않는다. 그것이 역사적 사실 정황이 되는 것은, 사후에, 수천 년의 세월이 동떨어져 있을지 모를 사건들을 통해서이다. 이러한 점을 전제로 출발하는 역사가는 사건들의 순서를 마치 염주처럼 손가락으로 헤아리는 일을 중단한다. 그는 그 자신의 시대가 과거의 특정한 시대와 함께 등장하는 성좌구조를 포착한다. 그는 그렇게 해서 메시아적 시간의 파편들이 박혀 있는 '지금시간'으로서의 현재의 개념을 정립한다.

◇◇◇◇◇◇

벤야민은 부기 A를 덧붙이면서, 역사주의는 "여러 계기들 사이에 인과적 결합"을 하는 것이며, 사실상 "어떠한 사실 정황"과 그 원인으로 보이는 것이 반드시 연결된다고 볼 수는 없다는 것을 시사한다. 즉 어떠한 정황과 원인은 어쩌면 별개의 것일 수도 있고, 혹은 그 관계가 수천 년의 세월이 흐른 뒤에야 밝혀질 수도 있기 때문이다.

그런데 역사주의는 "사건들의 순서를 마치 염주처럼 손가락으로 헤아리는 일"이 가능하고 당연하다는 입장이다. 염주는 힌두교나 불교 등의 종교에서 번뇌를 없애고 횟수를 헤아리는 데 사용되는 법구인데, 연대기 기술자들은 염주 구슬 하나하나를 차례대로 헤아리듯이 역사를 헤아릴 수 있다고 생각한다.

그러나 역사적 유물론은 "자신의 시대가 과거의 특정한 시대와 함께 등장하는 성좌구조를 포착"하며, 그렇게 주어진 시간은 "메시아적 시간의 파편들이 박혀 있는 '지금시간'"이 된다

고 본다. 서사적인 역사주의의 현재 개념 대신 이러한 현재의
개념을 정립해야 한다.

부기 B

시간이 무엇을 그 품에 숨기고 있는지를 묻는 점술가들에게 시
간은 분명 균질하게도 공허하게도 경험되지 않는다. 이 점을
염두에 두는 사람은 아마 회상 속에서 과거의 시간이 어떻게
경험되었는지 가늠할 수 있을 것이다. 즉 마찬가지로 경험되었
다. 알려져 있다시피 유대인들에게는 미래를 연구하는 일이 금
지되었었다. 그에 반해 토라와 기도는 그 미래를 회상 속에서
가르친다. 이 회상은 점술가들에게 정보를 얻으러 가는 사람들
이 빠져들었던 미래를 그 미래가 지니는 미법에서 벗겨내 주었
다. 하지만 그렇다고 해서 유대인들에게 미래는 균질하고 공허

한 시간이 되지 않았다. 왜냐하면 그 미래 속의 매초는 메시아
가 들어올 수 있는 작은 문이었기 때문이다.

◇◇◇◇◇◇◇

점술가들은 과거에 대해 말할 때, 혹은 미래에 대해 말할
때, "균질하고 공허한 시간들"을 모두 이야기하지 않는다. 그들
은 회상 속에서 과거의 시간을 끄집어내어 말한다.

그러나 유대인들은 미래를 연구하는 일이 금지되었는데, 그
렇다고 해서 유대인들의 미래가 "균질하고 공허한 시간이 되지
는 않았다. 왜냐하면 그 미래 속의 매초는 메시아가 들어올 수
있는 작은 문이었기 때문이다". 우리가 "지금시간"이라는 현재
에서 과거를 만난다면, 미래 속의 매 순간들 또한 "메시아" 혹은
"구원의 개념"이 들어올 수 있는 작은 문들이 열릴 것이다. 즉,
역사적 유물론의 역사철학은 인류의 구원을 가능하게 할 것이
라는 기대가 담겨 있다.

그림 14　발터 벤야민 © Charlotte Joël

참고문헌

발터 벤야민 문헌

벤야민, 발터. 1994. 『문예비평과 이론』. 이태동 역. 문예출판사.

__________. 2003. 『발터 벤야민의 문예이론』. 반성완 편역. 민음사.

__________. 2005. 『아케이드 프로젝트 Ⅰ』. 조형준 역. 새물결.

__________. 2006. 『아케이드 프로젝트 Ⅱ』. 조형준 역. 새물결.

__________. 2007a. 『1900년경 베를린의 유년시절·베를린 연대기』. 윤미애 역. 길.

__________. 2007b. 『기술복제시대의 예술작품·사진의 작은 역사 외』. 최성만 역. 길.

__________. 2009a. 『독일 비애극의 원천』. 최성만·김유동 역. 한길사.

__________. 2009b. 『역사의 개념에 대하여·폭력비판을 위하여·초현실주의 외』. 최성만 역. 길.

__________. 2011. 『모스크바 일기』. 김남시 역. 그린비.

__________. 2012. 『일방통행로·사유이미지』. 김영옥·윤미애·최성만 역. 길.

__________. 2013. 『언어 일반과 인간의 언어에 대하여·번역자의 과제 외』. 최성만 역. 길.

__________. 2018. 『발터 벤야민, 사진에 대하여』. 에스터 레슬리 편. 김정아 역. 위즈덤하우스.

__________. 2021. 『카프카와 현대』. 최성만 역. 길.

Bejamin, Walter. 1974. "Über den Begriff der Geschichte(1940)." *Gesammelte Schriften*, Bd. 1. Frankfurt a. M.: Suhrkamp Verlags, 693-704.

__________. 1972-1989. *Gesammelte Schriften*, Bd. I-VII. Frankfurt a. M.: Suhrkamp Verlags.

__________. 2003. "On the Concept of History." *Selected Writings Volume 4(1938-1940)*. Trashlated by Edmund Jephcoff and Others. Edited by Howard Eiland and Michael W. Jennings. Cambridge, Mass: Belknap Press of Harvard University Press.

기타 문헌

고지현. 2010. 「발터 벤야민의 역사철학테제: 역사주의와 역사 유물론 그리고 메시아주의의 성좌구조」. 『도시인문학연구』 제2권 제1호.

기든스, 앤서니. 1991. 『포스트 모더니티』. 이윤희·이현희 역. 민영사.

김유동. 2006. 「파괴, 구성 그리고 복원: 발터 벤야민의 역사관과 그 현재성」. 『문학과사회』. 제19권 제2호.

랑송, 귀스타브. 2003. 『랑송 불문학사(하)』. 정기수 역. 을유문화사.

뢰비, 미카엘. 2009. 『발터 벤야민: 화재경보「역사의 개념에 대하여」 읽기』. 최성만·김유동 역. 한길사.

마르쿠제, 허버트. 1993. 『일차원적 인간』. 이희원 역. 육문사.

마르크스, 칼. & 엥겔스, 프리드리히. 1988. 「고타강령비판」. 『마르크스·엥겔스 저작선』. 김재기 편역. 거름.

모스, 수잔 벅. 2008. 『발터 벤야민과 아케이드 프로젝트』. 김정아 역. 문학동네.

베버, 막스. 1996. 『프로테스탄티즘의 윤리와 자본주의 정신』. 박성수 역. 문예출판사.

서규환. 2009. 『열린 총체성의 해석과 정치』. 다인아트.

______. 2018. 『정치적 모랄리아2: 슈미트와 벤야민 사이, 아감벤』. 다인아트.

슈미트, 칼. 1992. 『정치적인 것의 개념』. 김효전 역. 법문사.

________. 2010. 『정치신학』. 김항 역. 그린비.

아감벤, 조르조. 2008. 『남겨진 시간: 로마인들에게 보낸 편지에 관한 강의』. 강승훈 역. 코나투스.

__________. 2008. 『호모 사케르: 주권 권력과 벌거벗은 생명』. 바진우 역. 새물결.

__________. 2009. 『예외상태』. 김항 역. 새물결.

이재준. 2018. 「바로크 오토마타, 기계, 그리고 역사: 〈기계 투르크인〉과 발터 벤야민의 역사 이해를 중심으로」. 『인문과학연구논총』. 제39권 3호.

조광제. 2017. 「베냐민: 메시아적 역사적 유물론」. 『현대철학의 광장』. 동녘.

지젝, 슬라보예. 2007. 『죽은 신을 위하여: 기독교 비판 및 유물론과 신학의 문제』. 김정아 역. 길.

질로크, 그램. 2005. 『발터 벤야민과 메트로폴리스』. 노병우 역. 효형출판.

최성만. 2012. 「발터 벤야민의 몇 가지 신학적 모티프에 관하여」. 『인문학연구』. 제44집.

__________. 2001. 「벤야민에서 중단의 미학과 정치학」. 『문예미학』. 제8집.

프루스트, 마르셀. 2012. 『잃어버린 시간을 찾아서 1』. 김희영 역. 민음사.

한국찬송가공회. 1993. 『아가페 큰글성경 오픈찬송』. 아가페.

호르크하이머, M. & 아도르노, Th. W. 1996. 『계몽의 변증법』. 김유동·주경식·이상훈 역. 문예출판사.

Dietzgen, Josef. 1923. *Sämtliche Schriften*. Vol. 1. Stuttgart: Dietzgen Verlag.

Lowy, Micheal. 2005. *Fire Alarm, Reading Walter Benjamin's "On the*

Concept fo History". London: Verso.

Poe, Edgar A. 1900. "Maelzel's Chess Player"(1836). *The Works of Edgar Allen Poe*. London: A. & C. Black, 286-311.

Tiedemann, Rolf. 1983/1984. "Historical Materialism of Political Messianism? An Interpretation of the Theses, On the Concept of History." *Philosophical Forum*. Vol. 15, Iss. 1/2, 71-104.

자료출처

그림 1 https://commons.wikimedia.org/wiki/File:Walter_Benjamin_-_Biblioteca_(cropped).jpg

그림 2 https://commons.wikimedia.org/wiki/File:Racknitz_-_The_Turk_3.jpg

그림 3 https://commons.wikimedia.org/wiki/File:17-11-19_SHENANDOAH_Square_Sail_Schooner_05-07-20.jpg

그림 6-1 https://it.wikipedia.org/wiki/File:Caen_passagebellivet.jpg

그림 6-2 https://commons.wikimedia.org/wiki/File:Passage_de_l%27Op%C3%A9ra,_Galerie_de_l%27Horloge,_9%C3%A8me_arrondissement,_Paris,_PH43100.jpg

그림 8 https://commons.wikimedia.org/wiki/File:Siegess%C3%A4ule_(1).jpg

그림 9 https://commons.wikimedia.org/wiki/File:Paul_Klee_~_Angelus_Novus_~_1920.jpg

그림 10 https://commons.wikimedia.org/wiki/File:Rosa_Luxemburg_

(cropped).jpg

그림 11   https://commons.wikimedia.org/wiki/File:Louis_Auguste_Blan
qui.JPG

그림 12   https://commons.wikimedia.org/wiki/File:Time-lapse_under
cranked_timeline.svg

그림 13   https://commons.wikimedia.org/wiki/File:Eug%C3%A8ne_De
lacroix_-_La_libert%C3%A9_guidant_le_peuple.jpg

그림 14   https://commons.wikimedia.org/wiki/File:Walter_Benjamin_
(1892%E2%80%931940)_1929_%C2%A9_Charlotte_Joel.jpg

세창명저산책

세창명저산책은 현대 지성과 사상을 형성한 명저를 우리 지식인들의 손으로 풀어 쓴 해설서입니다.

· 세창명저산책은 계속 이어집니다.